ハウジング・トリビューンが選ぶ

プレミアム住宅建材

PREMIUM HOUSING MATERIALS

50

Selected by
Housing Tribune

2024年度版

	会社名	製品名	先進性	独自性
構造材	アイカ工業株式会社	モイスTM		●
	兼松サステック株式会社	ニッサンクリーンAZN処理木材		●
	株式会社住宅構造研究所	PHOENIX TREE（フェニックスツリー）		●
	株式会社ダイドーハント/株式会社栗山百造	フロッキン狭小壁		
	株式会社タナカ	勾配用オメガメタルブレース	●	●
	日本合板工業組合連合会	ネダノン		
	日本ノボパン工業株式会社	novopanSTPⅡ		
	株式会社長谷川萬治商店	DLT		●
	株式会社ビスダックジャパン	タフボード		
	YKK AP株式会社	FRAMEⅡ		
断熱材	アキレス株式会社	ソトダンプラス	●	●
	旭ファイバーグラス株式会社	アクリアαR71	●	●
	旭ファイバーグラス株式会社	VIP-Build	●	●
	株式会社エービーシー商会	インサルパックNB-PROシリーズ（ノンフロン）		●
	株式会社JSP	ミラフォームΛ（ラムダ）		●
	デュポン・スタイロ株式会社	スタイロフォームAT		●
	パラマウント硝子工業株式会社	太陽SUNR	●	●
内装材	アイカ工業株式会社	CLIMATERIA（クライマテリア）	●	●
	アキレス株式会社	e-タン クロス	●	●
	朝日ウッドテック株式会社	WOODRIUM（ウッドリウム）	●	
	朝日ウッドテック株式会社	Live Natural Premiumオール国産材	●	
	アトムリビンテック株式会社	SW移動間仕切りシステム		●
	株式会社ウッドワン	ピノアース足感フロア	●	●
	永大産業株式会社	デコルシェ	●	●
	ケイミュー株式会社	SOLIDO（ソリド）		●
	大建工業株式会社	ダイケン健やかおもて		●
	蝶理GLEX株式会社	SSVMクロス		●
	株式会社NENGO	PORTER'S PAINTS		●
	ヤマガタヤ産業株式会社	木の塗り壁Mokkun		●
	ルノン株式会社	空気を洗う壁紙®	●	●
外装材	アイジー工業株式会社	SP-ガルボウ		●
	田島ルーフィング株式会社	OHVAN（オーヴァン）		●
	株式会社鶴弥	スーパートライ110スマート純いぶし（いぶし瓦）	●	●
	ニチハ株式会社	Fu-ge（フュージェ）プレミアム	●	●
	株式会社ハウゼコ	デネブエアルーフ	●	●
	株式会社モノクローム	Roof-1	●	
開口部材	株式会社エクセルシャノン	シャノンウインドNS50トリプル	●	
	キマド株式会社／一般社団法人木創研	木製クワトロサッシ	●	●
	三協立山株式会社 三協アルミ社	超高層マンション対応 DI窓		●
	株式会社LIXIL	高性能窓 TW	●	
	株式会社LIXIL	次世代玄関ドア XE	●	●
	YKK AP株式会社	マドリモ 断熱窓 戸建用 樹脂窓 引違い窓 ハイブリッド専用枠		●
副資材	株式会社エコパウダー	eことアル工法		●
	田島ルーフィング株式会社	マスタールーフィング	●	●
	フクビ化学工業株式会社	SILENT DROP（サイレントドロップ）		●
エクステリア	三和シヤッター工業株式会社	耐風ガードLS	●	
	四国化成建材株式会社	アートウォールseed		●
	太陽エコブロックス株式会社	耐震ブロック塀基礎		●
	フクビ化学工業株式会社	ソライエデッキ彫PLUS		●
	文化シヤッター株式会社	段十廊Ⅱ		●

ハウジング・トリビューンが選ぶ プレミアム住宅建材 50

2024年度版

深掘りインタビュー!!
有識者に聞く 特に注目した建材は?

プレミアム住宅建材 採用事例

住宅は「建材」によって成り立っている。もちろん、設備機器、インテリアなどがなければ「住まい」という体をなさないが、構造体という器そのものは多種多様な「建材」で構成されている。

建材が変われば住まいは変わる、また、住まいに求めるものが変われば建材が変わるといっていい。今、大きな社会変化のなかで住まいに対するニーズ、また、住まいが果たす役割も劇的に変わりつつある。例えば、国全体の「脱炭素」という流れや、居住者のエネルギー問題に対する関心の高まりを受け、住宅の省エネ性能の向上が進んでいるが、断熱性を高めるために新たな断熱材が開発され、窓の高性能化が進んでおり、これらを搭載する住宅のつくり方も変わりつつある。建材が性能や機能を左右し、居住性を左右するのである。

ハウジング・トリビューン編集部は、こうした建材に焦点を当てた「プレミアム住宅建材50」を2015年に発刊した。ともすれば裏方に徹しがちな建材をクローズアップし、住宅事業者はもとより、エンドユーザーにも建材に対する関心を高めてほしいという想いを込めている。より豊かな暮らしを実現するために、建材の知識や理解を深める

10の評価項目

1 世界初、業界初の技術で次世代を切り拓く「先進性」

2 唯一無二の付加価値を創造する「独自性」

3 社会的な課題を解決する「社会性」

4 さらなる高性能を目指す「性能・品質」

5 より良いものをより安くという「コストパフォーマンス」

6 住まいを美しく彩る「意匠性」

7 現場の手間を軽減する「施工性」

8 これからの普及に期待が集まる「将来性」

9 使用者目線に立った「使い勝手」

10 幅広いニーズに効率的に対応する「生産性」

ことが重要であるとの考えからだ。

　これまで版を重ね、今回で8回目の発行となる「プレミアム住宅建材50 2024年度版」は、先進性や独自性、社会性、性能・品質など10の評価項目に基づき、他商品にはない特徴を持つ"プレミアム"な建材50商品を選出した。

　また、2人の有識者の協力を仰ぎ、選出した50商品のなかから注目商品と注目した理由、さらには今後、建材の開発に求められるポイントなどをインタビューし掲載した。協力いただいた田辺新一・早稲田大学教授、網野禎昭・法政大学教授に、この場を借りて御礼申し上げます。

　加えて、"プレミアム住宅建材"を実際に採用する住宅事業者にもインタビューを行い、その魅力を掘り下げている。

　ハウジング・トリビューン編集部という第三者の目で選定、評価した「プレミアム建材」を紹介することで、住宅事業者やエンドユーザーの住まいづくり、また、建材選びのお手伝いができれば幸いである。

ハウジング・トリビューン編集長　平澤和弘

先進性
独自性
社会性
性能品質
コスパ
デザイン
施工性
将来性
使い勝手
生産性

5

特に注目した建材は?

住宅業界、建材業界に詳しい有識者2人に、2024年度の「プレミアム住宅建材」50商品をどのように見たのかを伺った。特に注目する建材、面白いと思ったものを3つ挙げていただき、その理由をお聞きした。建築環境学の研究者として知られる早稲田大学の田辺新一教授は、「エンボディドカーボンへの注目度が急激に高まっている。建材にも製造時、廃棄時などのCO_2を削減する工夫が求められている」と話す。

エンボディドカーボンへの注目度が急上昇 建材全般に製造時、廃棄時などの CO_2削減の工夫が求められる

早稲田大学 理工学術院 創造理工学部 建築学科 教授
田辺 新一 氏

田辺教授が選出した3商品

タナカ

勾配用
オメガメタルブレース

アキレス

e-タン クロス

三協立山 三協アルミ社

超高層マンション対応
DI窓

特に注目した建材は？
田辺 新一 氏

——「プレミアム住宅建材50」のうち、特に注目する商品を3つ挙げてください。また、注目する理由、どういったところを面白いと思ったのかを教えてください。

　一つは、タナカの「勾配用オメガメタルブレース」です。2025年4月から省エネ基準の義務化と共に、4号特例が縮小され、その対応が求められます。住宅の高性能化に伴い、樹脂複層窓など、開口部が重たくなり、また太陽光発電パネルなども載るようになり荷重が増えている。これらの背景もあり、4号特例の縮小、構造仕様を見直すことが予定されています。木造2階建て、200㎡超の木造平屋建ては、新たに構造関係規定などの図書の提出が必要になります。

　加えて、2024年1月に発生した能登半島地震により、住宅の構造、耐震性が今すごく注目されています。構造強度、耐震性を高めつついかに設計の自由度を高められるかということが今後大きなポイントになっていきます。

　その時どうやって構造強度を高めていくのか。様々な方法がありますが、こうした勾配のところにも設置できるブレースを活用することで、構造上の強度を確保しつつ設計の自由度を非常に高めていけるだろうと思いました。斜線規制な

どに対応して勾配を確保しなければいけないということはよくあることです。このブレースでは、複雑な計算を回避できるように計算シートが用意されており、都度全部計算しなくても最適な寸法のブレースが簡単に選択できる。また狭小耐力壁「新・つくば耐力壁」とセットで使うことで、狭小3階建て住宅で、通常の半分の幅で従来壁と同等の壁量を確保した上で、大開口とそれに必要な屋根倍率を確保できるという点も面白い。今後注目されていくだろうと思い選択しました。

　エンボディドカーボンという視点から製造時にCO_2を製品内部に固定化する、アキレスの塩化ビニル壁紙「e-タン クロス」も選びました。

　脱炭素、環境意識への関心が高まる中で、近年、住宅・建築物の分野においても「エンボディドカーボン」という考え方が急激に注目されてきています。LCA（ライフサイクルアセスメント）評価の中で、実際にその住宅、建築物を運用したときに排出されるCO_2がオペレーショナルカーボン、運用時のCO_2排出です。それに対して、建材がつくられて、運ばれて、施工されて、修理されて、壊されるまでに排出されるCO_2をエンボディドカーボンと言います。特に建材がつくられて、運ばれて、施工されるまでのと

ころを「アップフロントカーボン」と呼び、それを規制する動きが英国、デンマークなどで出てきています。

東京都は、一定規模以上の建築物の建築主に提出を義務付けている環境計画書制度を改正し、2025 年からエンボディドカーボンを計算して記載することを求める予定です。ただし、まだ日本では、エンボディドカーボンを精緻に算出するツールの整備が不十分です。サプライチェーン全体の温暖化ガス排出量「スコープ 3」の開示がグローバルスタンダード化する中で、大手の不動産事業者などは困っている状況です。やはりエンボディドカーボン、特にアップフロントカーボンを削減した環境性能に優れた建物であれば、それを適切に評価できる仕組みが必要です。

現在、（一財）住宅・建築 SDGs 推進センター（IBECs）がゼロカーボンビル推進会議を開催しエンボディドカーボンの算定ツールの整備を進めています。その成果として 2024 年 5 月に暫定版の算出ツールが公開される予定です。将来的にはこれが建築規制などに入ってくる可能性があります。すでに海外では、製品、建材のつくり方によって CO_2 の排出量が違うので、そうした個々の製品、建材の CO_2 排出量を踏まえてエンボディドカーボンを下げていくために EPD（エンバーラメンタルプロダクトデクラレーション）という認証が始まっています。

建築物の LCA 評価の中で、現状、日本では典型的なオフィスビルでは、概算ですがオペレーショナルカーボン 70%、エンボディドカーボン 30% 程度になりますが、デンマークではこれが逆転していてエンボディドカーボン 70%、オペレーショナルカーボン 30% 程度という状況になっています。再エネの利用が進むと、エネルギーの CO_2 排出係数が小さくなりオペレーショナルカーボンが小さくなるのです。将来日本もそういうふうになっていくでしょう。

e- タン クロスは、エンボディドカーボンというキーワードが出てきた商品であり、ついに日本の建材にもこういう波が来たのかと思い選びました。

エンボディドカーボンという視点で見ると、もちろん木質系の建材は、製造時、廃棄時の CO_2 排出量は小さいので優位性がありますが、木質系以外の建材についても今後は、e- タン クロスのように製造時の CO_2 を固定化するといったような工夫が求められていくと思います。

DI窓に注目
高層マンションの窓も変革を

——その他に、注目された商品はあり

ますか。

三つ目は、三協立山 三協アルミ社の「超高層マンション対応 DI 窓」です。現在、低層用の窓は、樹脂やアルミ樹脂複合が出てきて本当に一気に変わりました。10 〜 15 年前とは全然違う状態になっています。しかし、超高層マンションなど ZEH-M 用の窓の開発はなかなか難しく、まだまだの状況です。

住宅では、建築研究所のプログラムなどを用いると、自然換気や通風の量を評価することはできますが、実際に窓を開けようとすると風が入りすぎたりして、自然換気、通風をコントロールすることはなかなか難しい。

対して、この超高層マンション用対応 DI 窓は、ダイナミックインシュレーション技術を用いた窓で、二重窓の中空層にうまく空気を入れて、窓から逃げる熱の移動を減らし、換気をしながら高断熱を実現することができます。こうした発想はかなり前からあり、メーカーは一生懸命アピールしていますが、性能をどのように位置づけるのか未整備な部分もあり、普及には至っていません。しかし、耐風圧性能、水密性能を両立させ、高層マンションに設置できるダイナミックインシュレーションの窓があるということは非常に意味のあることで、私は注目しています。住

宅、建築物の高性能化が求められる中で窓が重要になってきています。低層の建築物の窓はずいぶん変わってきましたが、高層マンション向けにもこういう窓商品があることは面白いと思います。

それから、4 番目の候補を挙げるならば、モノクロームの「Roof-1」です。再生可能エネルギーの導入拡大に向けて、その代名詞ともいえるのが太陽光発電です。住宅分野においては、2021 年に閣議決定された「エネルギー基本計画」では「2030 年に新築戸建て住宅の 6 割に太陽光発電設備が設置」という政府目標を掲げています。

東京都は 2025 年から新築戸建て住宅への太陽光発電の設置義務を決定しています。対象となるのは、全ての住宅ではなく、大手ハウスメーカー、ビルダーなど供給実績上位の約 50 社で、1 件あたり 2kW 程度で総量で太陽光パネルの設置を規制します。それに先立ち 2024 年 2 月から東京エコビルダーズアワードを開催し、環境性能の高い建築物の普及に取り組む意欲的な事業者を表彰しています。Roof-1 は、太陽光と屋根を一体化させ、太陽光パネルの存在感が相当排除されている。反射も少なそうです。太陽光パネルをどうやって設置するのか、また、そのデザイン性は、今後さらに注目されていくと思います。

特に注目した建材は?

住宅業界、建材業界に詳しい有識者2人に、2024年度の「プレミアム住宅建材」50商品をどのように見たのかを伺った。特に注目する建材、面白いと思ったものを3つ挙げていただき、その理由をお聞きした。木造建築が専門で、スイスやオーストリアなど、海外での豊富なキャリアを持つ法政大学の網野禎昭教授は、「木造建築では軸と軸の間を埋める面が大切になる。軸と調和する自然素材の面材に注目した」と話す。

木造建築では軸と軸の間を埋める面が大切
自然素材が持つ
特有の変化を生かす内装材に注目

法政大学 デザイン工学部建築学科 教授
網野 禎昭 氏

網 野 教 授 が 選 出 し た 3 商 品

ケイミュー
SOLIDO(ソリド)

NENGO
PORTER`S PAINTS

ヤマガタヤ産業
木の塗り壁Mokkun

——「プレミアム住宅建材50」のうち、特に注目する商品を3つ挙げてください。また、注目する理由、どういったところを面白いと思ったのかを教えてください。

　一つは、ケイミューの「SOLIDO（ソリド）」です。再生材料を原料にしたアップサイクル型の建材であり、環境配慮の視点から非常に面白いと思いました。それにプラスして興味を惹かれたのは、セメントから湧き出す白華現象、エフロレッセンスをあえて抑えていないことです。

　最近の日本の建材、特に仕上げ材を見ていて私が気になっていることは、きれいすぎることです。きれいすぎて、整いすぎていて本物に見えない。チープにすら見えてくる。私が専門とする木造建築の分野においても同じです。「欠点がない」、「割れない」、「経年変化しない」という方向に向かいがちで、そうなると確かに整ったきれいなものはできますが、一方で均質で重苦しい空間になる。自然素材が持っている変化するという特性が全部消されていくので結局はバーチャルリアリティ（VR）の空間にいるような感じがします。例えば、最近のレンダリングソフトはすごく性能がいいので、作成したVR空間は現実と違いがわからない。逆に言うと実際の建物

を含めて現実があまりにも理想化されているのです。人工的につくられていて、しわのない人間みたいに面白みがない。それが非常に残念です。やはり自然材料の中にはエフロレッセンスがあったり、木材でいえばひび割れがあったり、そうした自然素材が持つ特有の変化を受け入れていかないとVRみたいな空間になってしまう。そういう点からこのソリドは白華現象をそのまま抑えないというところに設計者として非常に興味を持ちました。

　もう一つは、NENGOの「PORTER'S PAINTS」です。「ライムウォッシュ」という石灰が入っている昔ながらのペイントであり、経年により表情が変化し味わいを増す。そういうところを受け入れて強みにしている。どんな工業製品にも色のバリエーションがあり選ぶことはできますが選択肢は少ない。「もうちょっとこういう感じ」という微妙なニュアンスを満たすには、やはりこうした塗り材でないと難しい。このPORTER'S PAINTSは、茶色顔料を使用し色に自然なくすみも与えている。要は単純な色ではない。色というものに対してもう1回きちんと正面からとらえ直そうとしているところが面白いと感じました。

　最近、色はとても大切だなと思っています。なぜかというと私たちが子供

の頃に比べると、世界がモノトーン化してきていることが気になっているからです。世の中全体が、狭い選択肢の中から色を選ぶということをずっとやってきて、色というものに対してあまりセンシティブでなかったような気がします。私が子供の頃は、例えば車など様々なプロダクトにしてももっと色が生き生きしていました。ところが最近はまちを歩いていて、例えば、建築の内外装、あるいは自動車、様々なプロダクトなど、モノトーンのものが増えている気がします。モノトーンは無難ですが悪い意味もあります。寒々しいし、どこに行っても同じ風景に見えてしまう。そうした流れの反動からか最近もう1回、色というものの大切に世の中が注目しているような気がしています。環境や周辺に与える影響を考えると、建物や住宅外壁の色をもっと自由にということは難しいかもしれませんが、内装くらいはもっと色のバリエーション、選択肢の幅が広がり、より自由に選べるようになったらいいですよね。

壁や天井そのものが空間をつくっているということを認識している住まい手は多くないように思います。壁、天井、床そのものの存在をあまり大切にしてない気がします。だからごちゃごちゃといろんなところに家具を置いたり、カレンダーなどを貼ってしまう。対して、PORTER'S PAINTSのような塗り材を用いることで室内空間の活用の仕方、捉え方が変わっていくと思います。思い入れを持って壁や天井に色をつけるわけだから、壁、天井そのものを大切にするということにもなる。「適当なクロスでいいよ、どうせ家具を置くから」ということではない。「美しく住む」、「楽しく住む」、「整えて住む」とか、生活の質と空間のあり方を考えるきっかけになるはずです。

三つ目は、ヤマガタヤ産業の「木の塗り壁Mokkun」です。天然素材を使うことで出てくる意匠性、テクスチャーが面白いと思いました。木質感をより一層感じられるチップタイプ、木粉の目がとても細かく、さらさらとした手触りが特徴のパウダータイプの2つのタイプの木粉を使用する。こうした木粉を使っているゆえの不均一性、味わいがあるはずです。粒度の違うものを混ぜる、あるいは、いろいろな樹種を配合してもいいと思います。そういうテクスチャーをもっと追及されると「こんな表情は見たことない」、「この表情はちょっと独特だよね」というものができてくる。まさに他にはないプレミアムな塗り壁になります。

捨てられていた端材を有効活用することも素晴らしい。すぐ燃やしてしまうより遥かに大切です。最近の木材業界では、エネルギー用、発電用のチップが

足りてないのか、チップの売買が盛んですが、燃やせば二酸化炭素として空気中に放出されてしまう。それ以外に例えば断熱材で使うとか、仕上げ材で使うとか、そうした工夫はどんどん追求しなければいけないと思います。

──すべて内装材ですね。

なぜ内装材に目がいったかというと私が木造建築を手掛けているからです。木造建築では骨組みの美しさを追及します。骨組みが美しい木造建築、木造住宅がたくさんあります。しかし、そういった建物、住宅を訪れていつも残念だなと思うのは、軸は美しいのだけれど、軸と軸の間の面が、均一でのっぺりとしていて面白みがないものが多いことです。軸と軸の間に何があるのかがすごく大切なのですが、単なる石膏ボードや工夫のない壁紙で仕上げている、あるいは色もあまり工夫されていない、そういう建物が多いのです。

ヨーロッパの伝統的なハーフティンバーは骨組み自体が美しい。さらに骨と骨の間の面がレンガや漆喰などで埋めてつくられていて調和している。日本の古民家も美しい骨組みがあり、その間が手仕事の土壁で埋められていて存在感がある。ところが現在は、骨組みの間の面というものが二次的に扱われている。面のデザインは難しいのです。

私が手掛ける木造建築では、軸組みだけでなく、軸と軸の間も木の塊で埋めるということをやっています。今でこそ、木をたくさん使うことが、国内林業や環境への貢献につながるということを言っていますが、最初に木の塊をやり始めたのは、面をどう埋めるかがわからず、悩んだ末に軸はやめて全部木で埋め尽くそうと試したことがきっかけです。

住宅では、大壁にして軸すら見せないということが主流になっていますが、真壁にしてせっかく軸を見せるような空間でも、どういった面にするのかでクオリティを損ねることが往々にしてあります。木材の割れや節、軸の立体感や陰影も含めて、そういう自然素材が持っている風合いとバランスをとることができる面材がなかなかない。工業製品的な面材が主流になりアンバランスなのです。

私も数は少ないですが、軸組で設計することはあります。そのときに軸と軸の間の面のクオリティを高めていかないと軸だけでは良い空間はできません。均一ではなく味わいのある自然素材を用いた面材をどう組み合わせていくのか。塗り材や色で何とかならないかという問題意識を私が常日頃から持っていて今回３つの内装材が引っ掛かりました。

天然素材でつくられる不燃耐力面材
防耐火性能を備え、耐震性向上、壁内結露の軽減にも寄与

モイスTM

プレミアム
ポイント
先進性　独自性　社会性　性能品質　コスパ　デザイン性　施工性　将来性　使い勝手　生産性

アイカ工業株式会社
☎0120-525-100
https://www.aica.co.jp

　アイカ工業が販売する「モイスTM」は、けい酸カルシウム板をベースに、天然鉱物のバーミキュライト、けい砂などを配合し、主に、天然素材を用いて製造する多機能建材。

　地震や台風など、日本は自然災害の多い国。そんな災害時、安心をもたらすのは住まいの頑強性だ。

　モイスTMは、木造軸組工法で最大壁倍率3.8倍の認定を取得しており、優れた耐震性を発揮する。

　また、モイスTMの透湿性能により、壁内部の結露も軽減し、カビの発生や木材の腐食を抑制でき、耐久性のある住まいを実現できる。

　さらには、火災にも強く、不燃材料認定を取得している。多種多様な外装材、断熱材などとの組み合わせで防火30分、準耐火45分などの防耐火構造の認定を取得しており、都市部の住宅街など、防耐火規制のハードルが高いエリアにおいても使用できるなど、多くの機能も持ち合わせている。

記者の目

　モイスTMの強みは、バランスよく様々な性能を備えていることだ。耐力面材としての基本性能はもちろん、無機質で構成され、アルカリ性を示すためカビの繁殖を防ぐ。優れた透湿性を発揮し、壁内の結露発生を軽減する。また、気密性が高いため、省エネ性、遮音性アップにも寄与する。空調設備に過度に頼らず、化学製品を用いた建材を使いたくないという自然派住宅を建てる住宅事業者から高い支持を得ている。

　さらに、多種多様なバリエーションで防耐火構造の認定を取得しており、防耐火規制のハードルが高いエリアにおいても、外装の自由度を阻害しにくい。

　一度採用されると、ほぼリピーターになるということにもうなずける。

ここがスゴイ 豊富な壁倍率で外力を分散 木造軸組工法で最大壁倍率3.8倍

様々な壁倍率の国土交通大臣認定を取得しており、釘ピッチで壁倍率をコントロールできる。木造軸組工法で最大壁倍率3.8倍、枠組壁工法で最大壁倍率4.0倍の認定を取得。初期剛性、最大荷重、粘り強さをバランスよく備え、住まいの強さを支える。

モイスTMの場合
モイスTMなら、壁面が一体となり、力が分散されるので地震に強く、しっかり受け止める。

筋かいの場合
筋かいは、圧縮方向の力に対しては有効に働き、引っ張りに対して十分な抵抗力があるとは言えない。

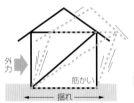

ここがスゴイ 調湿、消臭、VOC吸着効果を発揮 室内空気環境を整える

内装材として使用できる「モイスNT」もラインアップしており、耐力面材と内装材の両方にモイスを使用する住宅事業者も増えている。モイスNTを内装に使用することで、調湿、消臭、VOC吸着効果などが期待でき、室内空気環境の向上に寄与する。

ここがスゴイ 優れた気密性、透湿性で 高気密・高断熱 住宅づくりを下支え

モイスTMは、木質系耐力面材などに比べ、気密材として認められている石膏ボードや合板より100～1000倍も気密性が高く、冷気や夏場の熱気の侵入を抑えて住宅の断熱性能向上に寄与する。気密性が高いことで優れた遮音性も発揮、モイスの遮音性能は石膏ボード2枚分に相当する。また、その透湿性能は、壁内部の結露を軽減し、躯体の劣化リスクを抑える。主に、無機系材料で構成されているためシロアリの好む成分を含まず、防蟻処理が不要で、木材の腐食・シロアリ被害も抑制する。高気密・高断熱住宅づくり、住宅長寿命化を下支えする。

建築基準法に基づく認定を取得。不燃材認定番号/NM-8578（5mm以上）

ここがスゴイ 様々な防耐火構造認定を取得 自由度の高い外装を提供

火災に強く、不燃材料の国土交通大臣認定を取得。無機材が主原料であるため煙や有毒ガスの発生もない。大壁・真壁（内装・外装）とも多種多様な納まり、仕上材で防火構造認定を取得。市街地など、防耐火規制のハードルの高いエリアに建てる木造住宅でもほぼ対応可能で、木製外装材、ガルバリウム鋼板製の外装材などを含む、自由度の高い外装材を使用できる。

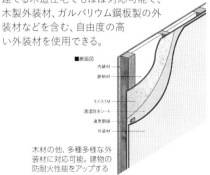

■断面図
内装材
断熱材
モイスTM
透湿防水シート
通気胴縁
外装材

木材の他、多種多様な外装材に対応可能。建物の防耐火性能をアップする

業界唯一の乾式保存処理木材
木造建築の長寿命化に貢献

ニッサンクリーンAZN処理木材

プレミアムポイント ▶ 先進性 独自性 社会性 性能品質 コスパ デザイン 施工性 将来性 使い勝手 生産性

兼松サステック株式会社

☎03-6631-6571
https://www.ksustech.co.jp/

　木造化を図る上で重要になるのが、木材をシロアリや腐朽菌の被害から守ること。兼松サステックのニッサンクリーンAZN処理木材は、業界唯一の乾式保存処理木材で、木造建築の長寿命化に貢献する。

　処理装置内に木材を入れて、減圧処理を行い、非水溶性薬剤を加圧注入し、処理装置内で溶媒のみを揮発させ木材内部に有効成分のみを留める。

　水を使用していないため再乾燥が不要で、木材の寸法や形状が変化する心配も

ない。エンジニアリングウッドなど、ほとんどの木質材料に対応可能だ。処理後の木材が著しく変色する心配もなく、木質の美しさをそのまま生かすことができる。

　同社では、茨城工場（茨城県常総市）において、2021年4月から防腐・防蟻処理を施したCLTや構造用集成材などの9品目で日本住宅・木材技術センターの優良木質建材等認証（AQ認証）を取得。CLTの加圧注入保存処理材のAQ認証取得は国内初のことであり、日本国内でのCLT建築の可能性拡大に寄与している。

記者の目

高温多湿な日本で木造建築を建てる場合、木材の腐朽やシロアリによる蟻害などを抑制することが求められる。また、最近ではアメリカカンザイシロアリ対策も重要になっている。通常、木材の防蟻処理については、地面に近い部分に使用する木材に行うことが一般的であった。しかし、アメリカカンザイシロアリは、建物2階部分などに飛来し、蟻害をもたらす。そのため、構造躯体に使用する木材全体に防腐・防蟻対策を施すことが求められるのだ。兼松サステックのニッサンクリーンAZN処理木材は、アメリカカンザイシロアリ対策としても有効であり、CLTなどのエンジニアリングウッドにも活用できる。安心してウッドチェンジを進める環境創造に貢献する乾式保存処理木材である。

木材内部まで薬剤を浸透
万全の防腐・防蟻対策を

一般的な木材処理の方法には、表面処理と加圧注入処理という2種類がある。表面処理は手間やコストが少ないというメリットがある一方で、「薬剤の塗りむらが生じ、均一な効果が期待できない」、「割れなどが起きると、薬剤を塗っていない部分が露出してしまう」といったデメリットがあることも事実。
ニッサンクリーンAZN 処理木材で採用している加圧注入処理は、「薬剤を木材内部にまで浸透させ、むらなく薬剤注入できる」、「木材に浸透する薬剤の量が多いため、割れなどが起きても効果が持続する」といったメリットを備えており、より確実に木材の防腐・防蟻効果を発現させることができる。高い効果が認められ、国立競技場のトラックの屋根の木材にも、乾式処理が採用された。

写真提供:大成建設株式会社

独自の乾燥処理で
エンジニアリングウッドなどにも対応

ニッサンクリーンAZN処理木材は独自に開発した「乾式処理」を採用している。水を一切使用しないため、寸法変化がほとんど起きず、接着剤への影響も少ないため、エンジニアリングウッドにも安心して処理できる。兼松サステックでは、エンジニアリングウッドにそのまま加圧注入でき、優れた寸法安定性を確保できるという乾式処理の強みを生かし、土台だけでなく柱、梁、耐力面材などの構造材、野地合板など、住宅で使用するあらゆる木材にも乾式処理を施す提案を強化している。

茨城工場(茨城県常総市)の工場では、最大2.2×9mまで対応できる大型の処理缶を導入

野外抗試験の結果。左が無処理・素材の1〜2年経過時の様子。右が設置から14年経過時のもの。ほとんど腐朽や蟻害などが見られない

金属腐食性が低く
金物工法や屋外使用にも最適

乾式処理製品には金属腐食性がほとんどないため、金属類と木材が直に接する金物工法やボルト留めなどにも適している。また、水に不溶なため、薬剤が処理木材から溶脱することもなく、エクステリア部材や公園部材など、屋外使用にも最適。

金属腐食性がほとんどなく金物工法にも最適

低コストで手軽に制振住宅を実現
ダンパーを小型化した木製筋かい型制振壁

PHOENIX TREE
（フェニックスツリー）

 プレミアムポイント 先進性 独自性 社会性  性能品質 コスパ デザイン 施工性 将来性 使い勝手 生産性

株式会社住宅構造研究所

☎048-999-1555
https://homelabo.co.jp/

　日本は地震大国と言える。気象庁のデータによれば、1995年の阪神・淡路大震災以降、震度6弱以上の地震は60回以上発生している。なかでも、2016年の熊本地震では、わずか28時間の間に震度7の地震が同一地点で2度発生、繰り返す地震によって多くの建物に被害が出た。

　こうした地震被害への対策として、住宅の耐震性能を向上させることは基本的な手段のひとつ。ただ、揺れを繰り返し受けることで構造部にはダメージが蓄積していき、耐震性能が低下していくことが考えられる。そこで重要となるのが「制振」

だ。制振によって地震の揺れを吸収し、構造部へのダメージを軽減することで、繰り返す地震に強い住宅を実現できる。しかし、制振は導入に追加費用を要することが普及のネックとなっている。

　これを解消しようと開発したのが、木製筋かい型制振壁の「PHOENIX TREE（フェニックスツリー）」だ。ダンパーの小型化を図り、同社の従来品に比べてコストを半分以下に抑えつつも、高い制振性能を確保している。また、キット化して納入しているため、簡単に施工可能だ。住宅事業者は手軽に制振を導入できる。

記者の目

　地震災害の激甚化により「耐震」への注目度が高まり、耐震等級3がもはや当たり前になりつつある。しかし、「制振」はコスト面から導入が見送られることがあり、普及の課題と言える。こうしたなか、「PHOENIX TREE」では低コストと高性能を両立。もともとは全国で木造住宅を供給するパワービルダーの専用商品として開発したもので、採用実績も既に数万棟にのぼる。

　同社は「住宅における制振の敷居を下げたい」（金井建二代表取締役所長）としており、住宅価格の高騰も続くなか、今後採用が一段と拡大していきそうだ。

「耐震＋制振」のハイブリッドでダンパーを小型化
低コストで制振を導入可能に

「PHOENIX TREE」は、筋かいの接合部に揺れを吸収する粘弾性体を使用したダンパーを取り付ける。その上で、「制振＋耐震」のハイブリッド機構を採用し、ダンパーに想定外の負荷がかかった場合に機能が制振から耐震に切り替わる仕組みとなっている。具体的には、地震の揺れに伴ってダンパーの鋼板が筋かいと柱の動きに連動して上下に繰り返しスライド。粘弾性体が変形することで、地震エネルギーを熱に変換し吸収する。そして、ダンパーの上下のスライドが限界に達するような想定外の揺れでは、格子に組まれた筋かいが「耐震壁」として抵抗する。これにより、粘弾性体の使用量を削減したことで

ダンパーの小型化に成功、低コストを実現した。同社の従来品に比べ、コストを半分以下に抑えている。また、耐震壁としての大臣認定を取得しており、壁の強さとしては5.1〜6.2倍相当の評価を受けている。

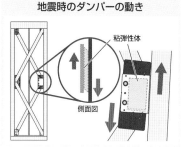

地震時のダンパーの動き

粘弾性体

側面図

揺れを熱に変換して吸収する

吸収する

フェニックスツリー　一般なゴム
の粘弾性体

低コストでありながら高い制振性能
震度7の揺れを89%低減

「PHOENIX TREE」は低コストでありながらも、非常に高い制振性能を確保している。耐震等級3の住宅（耐震住宅）と、それに「PHOENIX TREE」を施工した住宅（制振住宅）による実大振動実験の結果、震度6弱の地震において制振住宅は耐震住宅よりも揺れを48%低減、さらに、震度7では揺れを89%も低減することを実証した。

等級3の
耐震住宅
＋
フェニックス
ツリー

等級3の
耐震住宅

キット化で簡単施工
現場での加工は一切不要

「PHOENIX TREE」は、施工性にも優れている。軸組にダンパーと筋かい金物を取り付け、筋かいをビスどめするだけで済むため、施工に特別な道具は一切不要。加えて、ダンパーと筋かい、筋かい金物はキット化してあるため、現場での加工を行う必要もない。大工一人で30分程度で施工できるという。

幅の狭い壁で靭性の高い耐力壁を実現
キット化で簡単施工、構造計算もスムーズ

フロッキン狭小壁

プレミアム
ポイント

先進性 独自性 社会性 性能品質 コスパ デザイン 施工性 将来性 使い勝手 生産性

株式会社ダイドーハント/株式会社栗山百造

☎06-6190-8700　https://daidohant.com（ダイドーハント）
☎0256-32-0371　https://www.hyakuzo.co.jp（栗山百造）

ダイドーハント（大阪府吹田市）と栗山百造（新潟県三条市）が製造、販売する「フロッキン狭小壁」は、柱頭金物、柱脚金物、アンカーボルト、面材、専用のドリフトピン、ビスなどキット化された部材で構成する在来軸組工法対応の狭小耐力壁だ。

柱の頭と足元に専用の粘り強い金物を使いビスの配置を工夫することで、幅の狭い壁で靭性の高い耐力壁を実現できる。

一般的なプレカット工場で加工された柱に、ビス穴加工された面材をセットし、ビス止めするだけの簡単施工を実現。一般的な合板と同じ感覚で施工することができる。

また、「中柱型」、「隅柱型」、「隅柱型直交梁勝ち又は通し柱」など、様々なパターンの納まりで試験を行い、強度データを確保しているため、確認申請もスムーズに行える。

記者の目

特に都市部において土地の取得が難しくなってきており、限られた狭小地を生かして住宅の設計プランの自由度を高めたいというニーズは高まっている。一方で、地震被害が相次ぐ中で、より高いレベルで住宅の耐震性能を確保することは大前提として求められる。しかし、通常のプランニングでは、間取りやデザインなどが優先されるため、2つのニーズを同時に満たすハードルは高い。この課題を解決するのが狭い幅の壁で高耐力を確保できる狭小耐力壁だ。「フロッキン狭小壁」は部材がキット化されており簡単な施工で取り付けが可能。設計技術マニュアルも用意しており、一般的な構造計算（許容応力度計算）により計算可能だ。こうした導入しやすい点が支持を集める理由となっている。時代の追い風を受けてさらに採用実績を伸ばしていきそうだ。

「フロッキン狭小壁」は高壁倍率とコンパクトサイズを両立する

1階用セットの金物

 ## 350mm幅で壁倍率7倍相当
既存の壁を置き換え開放空間に

「フロッキン狭小壁」は、柱芯350mm幅とコンパクトサイズながら、壁倍率7倍相当の耐力を確保できる。一般的な耐力壁を「フロッキン狭小壁」に置き換えることで狭小住宅でも開放的な空間を創出できる。また、通常は耐力壁にならない雑壁を「フロッキン狭小壁」に置き換えることも可能。追加の壁耐力を確保できるため、設計段階で壁量が足りない場合などでも当初のプランを大きく変更せずに構造設計ができ、耐震等級3取得にも役立つ。

 ## 2、3階用セットを追加
耐震シミュレーションソフトにも対応

ユーザーの声に応えて進化し続けている。従来、1階用セットのみのラインアップだったが、2021年4月、「2階、3階用セット」を発売。壁倍率5倍相当の高耐力を確保した。2、3階においても開口部を大きく確保し、間取り、外観デザインを工夫できる。意匠系の設計事務所から問い合わせが増えている。また、(一社)耐震性能見える化協会の「wallstat認証」も取得。木造住宅の耐震シミュレーションソフトとして普及が進む「wallstat」にフロッキン狭小壁を組み込み、耐震シミュレーションを行うことができ、その効果を見える化できる。

国産スギの新仕様を追加
製品選択の幅が拡大

従来の仕様では、柱にスプルース集成材、梁にベイマツ構造用製材を使用していたが、ウッドショックにより、外材の値段が急騰。指定した材料が確保しにくい状態も続いた。こうした状況を受けて国産材を用いたフロッキン狭小壁の開発に着手。2022年9月に国産スギを使用した無垢材仕様と集成材仕様の2つを追加し、国産材活用を積極的に進める事業者への対応力を高めた。

非住宅木造の分野でも引き合い増加
プレカット工場と連携しビルダーを支援

プレカット工場と連携し非住宅木造向けの提案も強化している。プレカット工場は部資材の加工、供給を行い、非住宅木造の分野でもビルダーなどをサポートする重要な役割を果たしている。同社は、木造のラーメンフレームと「フロッキン狭小壁」を組み合わせることで、大空間かつ、広い開口部を実現できる差別化プランなどを用意。専門的なノウハウが必要になるところをサポートしている。

実際に「フロッキン狭小壁」が採用されたリハビリ施設では、求められる壁倍率を実現しつつ広い開口を確保したことで、排煙設備の設置も可能にした

構面サイズに応じた床・屋根倍率を確保
第三者評価を取得した業界初製品

勾配用オメガメタルブレース

プレミアムポイント ▶ 先進性 独自性 社会性 性能品質 コスパ デザイン 施工性 将来性 使い勝手 生産性

株式会社タナカ

☎0120-558-313（CSセンター）
https://www.tanakanet.co.jp

「勾配用オメガメタルブレース」は、横架材間隔0.9m〜3.0m（芯‐芯寸法）に対応し、構面サイズに応じた水平構面の床倍率および勾配屋根の屋根倍率（勾配によって屋根倍率は異なる）を確保できる鋼製ブレースだ。

国土交通大臣指定の確認検査・性能評価機関であるハウスプラス確認検査の評価を取得している。第三者評価を取得した勾配用ブレースは業界初となる。

顧客から「勾配屋根にもブレースを使いたい」という声が寄せられたことで開発に至った。

母屋下がりなど強度が足りない箇所への使用で屋根剛性を確保でき、構造用合板で剛性を確保するよりも総重量が軽いため屋根の軽量化にもつながる。

ビスどめで既存の軸組に後から取り付けできるため、リフォームにも最適。構造用合板を併用する場合は、それぞれの倍率を加算することができる。

スギ製材（国産材利用）にも対応しているため、樹種を選ばず使用ができる。

記者の目

「勾配用オメガメタルブレース」のような部材は、強度が足りない場合の剛性確保だけでなく、その使用により設計の自由度を高めることも可能だ。例として、タナカは幅455mmで1m当たりの相当壁倍率5倍を実現できる狭小耐力壁「新・つくば耐力壁」を使用し、通常の半分の幅で従来壁と同等の壁量を確保したうえで「勾配用オメガメタルブレース」を採用し屋根剛性の確保と屋根の軽量化を図るセット提案を進めている。この組み合わせにより、狭小3階建て住宅で大開口とそれに必要な屋根倍率を確保することができ、従来よりも設計の自由度が増す。間もなく4号特例縮小で構造計算が求められていく。壁・屋根剛性を高める建材の重要性がますます高まりそうだ。

ココが スゴイ 業界で初めて第三者評価を取得

横架材間隔0.9〜3.0mに対応し、床倍率及び屋根倍率を確保する。国土交通大臣指定の確認検査・性能評価機関であるハウスプラス確認検査の評価を勾配用ブレースとして業界で初めて取得している。

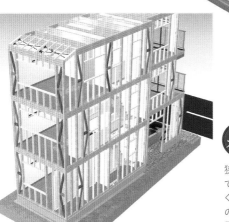

水平構面の床倍率及び勾配屋根の屋根倍率を確保できる木造用の鋼製ブレース

ココが スゴイ 新・つくば耐力壁とセットで設計自由度を向上

狭小耐力壁「新・つくば耐力壁」とセットで使うことで設計自由度を大きく高めることができる。「新・つくば耐力壁」により通常の半分の幅で従来壁と同等の壁量を確保し、「勾配用オメガメタルブレース」で屋根剛性を確保することで狭小3階建て住宅でも大開口とそれに必要な屋根倍率を確保できる。

狭小耐力壁「新・つくば耐力壁」と「勾配用オメガメタルブレース」の組み合わせ事例

ココが スゴイ 計算シートを用意し複雑な計算を回避

勾配面は角度の分だけ、水平面よりもブレースに長さが必要で、その長さも勾配ごとに異なることから、設計段階で非常に複雑な計算が求められていた。「勾配用オメガメタルブレース」は、構面の長さと屋根勾配を入力するだけで最適な寸法のブレースが簡単に選択できる計算シートを用意し、計算ミスや寸法違いのリスクに配慮している。

屋根構面に使用した際の勾配（0.5〜10寸）ごとの屋根倍率を、尺モジュール、メーターモジュール仕様それぞれで示した一覧表を含めた「設計技術マニュアル」はホームページからダウンロードできる。

既存の軸組に後から取り付けることも可能

耐震性の向上、国産材活用に貢献
壁倍率5倍超の性能を備える構造用合板

ネダノン

プレミアムポイント ▶ 先進性 独自性 社会性 性能品質 コスパ デザイン 施工性 将来性 使い勝手 生産性

日本合板工業組合連合会

☎03-5226-6677
https://www.jpma.jp/

住宅の耐震性の向上、さらには国産材の活用といった社会課題の解決に貢献する構造用合板、それがJAS構造用合板（24㎜厚、28㎜厚以上）である「ネダノン」だ。（商標登録第4407164号）

「ネダノン」は、合板の業界団体である日本合板工業組合連合会（日合連）傘下の各社が共通した商品名で生産する構造用合板。

水平構面としての性能が高いネダノンは、もともと床用の構造材として開発された。しかし近年、手軽に住宅の耐震性能を向上できる構造用壁材として壁、屋根の下地としても活用されるケースが増えてきている。厚さ24㎜の「ネダノン スタッドレス5+」は、現行の法制度において最高ランクの壁倍率5.0の大臣認定を取得している。

原料のほぼ全量が国産材のスギやカラマツなどであり、近年の国産材活用の流れにも貢献する。日合連は、ネダノンの施工方法や実験データを掲載した「ネダノンマニュアル ver.9」を発行し、ホームページでも公開している。

記者の目

特殊な施工技能も必要なく、新築でもリフォームでも手軽に耐震性能を高めることができる「ネダノン」は、「地震対策にやり過ぎはない」という考えから誕生した。その一方で、スギやカラマツ、ヒノキなどを原料として、約9割は国産材を活用している。しかも、安定的に供給できる体制を構築しており、国産材活用の推進という点でも重要な役割を担っている。なお、日合連では2000年時点で14万㎥であった合板用の国産原木の使用量を「森林・林業基本計画」に基づき2025年までに700万㎥へと引き上げる目標を掲げている。

近年は中大規模木造建築で使用されることも増えており、住宅だけでなく、非住宅分野でもさらなる耐震化や国産材活用に貢献している。

コストを抑えて高耐震化、プランの自由度を高めやすい

壁倍率5.0の大臣認定を取得、実力値は5.9〜7倍 安価かつ手軽に耐震性を向上

ネダノン スタッドレス5+は、耐震性能の向上に向け、できることを最大限やるという発想のもとに生まれた商品。より安価で、かつ手軽に住宅の耐震性を向上できる構造用合板だ。壁倍率5.0の大臣認定を取得している厚さ24mmのネダノン スタッドレス5+の実力値は5.9〜7倍相当であり、許容応力度計算ルートや非住宅などの設計では、この数値をもとに設計を行うことができる。

非住宅分野でも実力を発揮 超厚合板（CLP：Cross Layered Plywood）の開発も

構造用合板は最大で壁倍率20倍相当にまで性能を上げることも可能だ。近年、中大規模木造建築での使用も増えている。また、日合連は、従来の厚物合板よりさらに厚い超厚合板（CLP：Cross Layered Plywood）の開発に着手した。合板に関するJAS規格の改正を図ることを目的に技術・製品開発を進め、非住宅木造の可能性を広げる新構造材としてなど、新たな用途開拓を目指している。

耐力壁の面内せん断性能の比較
（ネダノン スタッドレス5⁺の試験データ：(公財)日本住宅・木材技術センターにおける倍率認定試験結果より）

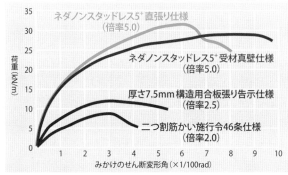

合板張り耐力壁を用いて既存の壁の補強を行うことができる

耐震リフォームにも最適 講習会を受けずに利用可能

日合連では、構造用合板張り耐震補強壁（12mm厚、24mm厚）について、(一財)日本建築防災協会（建防協）の技術評価を取得。一般的に建防協の技術評価を取得した耐震補強工法を利用するには、メーカーが実施する講習会を受ける必要がある。日合連が評価を受けた耐震補強壁では、日合連ホームページ（https://www.bearingwall.jp/）上で登録手続きを行うだけで利用できる。ただし、日合連への登録申請後、物件ごとに、耐震補強で使用した構造用合板のJAS印・メーカー名が見えるように写真を添付し、工事完了後、1カ月以内に日合連ホームページ（https://www.bearingwall.jp/member/login）から実績報告書を提出する必要がある。

構造材

バランスよく様々な性能を備えた構造用PB
施工者から高い支持、高耐震化、長寿命化にも寄与

novopanSTPⅡ

プレミアムポイント ▶ 先進性 / 独自性 / 社会性 / 性能品質 / コスパ / デザイン / 施工性 / 将来性 / 使い勝手 / 生産性

日本ノボパン工業株式会社
☎03-5295-2100
https://www.novopan.co.jp/

　日本ノボパン工業は、主力商品として9㎜厚の構造用パーティクルボード（PB）「novopanSTPⅡ」（以下、STPⅡ）を製造・販売する。2004年から国土交通大臣認定を取得し販売を開始。2007年にSTPⅡへとバージョンアップを図った。床勝ちや高倍率の認定も取得するなど、より使いやすい形へと進化している。発売当初から順調に伸びており、住宅1棟あたり70枚使用すると換算して、2023年3月までの累計採用棟数は約90万棟超に上る。

　現在、月産1万3000㎡を生産、供給しており、品質、価格の安定性も含めて信頼獲得につながっている。

　2018年3月に、耐力壁の改正告示が施行され、木造軸組工法、枠組壁工法、それぞれにおいて高倍率の耐力壁に厚さ9㎜の構造用PBなどが使えるようになった。高倍率の仕様が設定され、より使いやすい環境整備が進んでいる。

記者の目

　様々な耐力面材の中でも、近年、PBが存在感を高めており、PB最大手の日本ノボパン工業の主力商品であるSTPⅡも順調に販売を伸ばしている。バランスよく様々な性能を備え、価格安定性も支持されている。徹底的に合理性を追求する大手の戸建分譲事業者から採用されるケースも増えている。一方で、ウッドショック下で値段が急騰したOSBや合板からの代替需要としてPBが注目され、フル生産を長らく続けてきたが、供給能力が追いつかないという問題が露呈した。住宅の重量化への対応、4号建築の特例の縮小といった今後の動向を見据えると、生産力の増強が喫緊の課題となっている。この課題の解決に期待がかかるのが、日本ノボパン工業と永大産業が合同出資により設立した合弁会社「ENボード」だ。ENボードの静岡工場をいち早くフル生産体制（月産1万5000㎡）に移しPBの供給不足の解消を図っていく考えだ。

合板に比べて2倍以上のせん断剛性
地震・台風に強い家づくりに貢献

パーティクルボードは、構造用面材に求められるせん断剛性が、合板に比べ2倍以上。地震・台風に強い家づくりに貢献する。また表面が硬く、破損しにくい一方で、粘り強さがあり、釘がめり込みにくい。さらに、降雨などによる水漏れを起こしても木口の膨張はほとんど起こらない。こうした様々な利点があり、施工時にトラブルになりにくく、特に現場の施工者から高い支持を得ている。

バリエーション豊富な耐力壁
告示改正でさらに使いやすく

2018年の告示改正により構造用PBの高倍率の仕様が使用できるようになった。軸組工法（大壁）では、くぎピッチの変更で3種類の壁倍率を、枠組壁工法では、2種類の壁倍率を使い分けることが可能。2004年から取得を進めてきた国土交通大臣認定を取得した耐力壁の仕様を含め、豊富な耐力壁のバリエーションにより内部耐力壁やバルコニーなどの床勝ち仕様、長期優良住宅やZEH住宅のような必要壁量の多い建物に求められる高倍率仕様など、多様化するニーズに対応できる。

供給、品質、価格の安定性から住宅の耐力壁として支持を集めている

特に現場の施工者から高い支持を得ている

価格安定性に定評
環境配慮型の建材としても注目

価格安定性もPBの強みだ。ウッドショックの影響などで合板でも原木不足が生じ、価格高騰が続いている。これに対して、PBは、接着剤の高騰の影響はあるものの、木材チップさえあれば製造できるため、価格安定性に定評がある。また、環境配慮型の建築資材であることにも改めて注目されている。STPⅡはリサイクル木材を主原料とするエコ商品であり、接着剤には非ホルムアルデヒドタイプのものを使用している。

PB業界で最大規模の生産体制を誇り、年間生産量は約40万㎥、マーケットシェアも35％を超え業界トップを占める

パネル化、長尺化しやすく
非住宅市場でも活躍

パネル化、長尺化しやすく、非住宅木造市場での採用実績も増えてきている。更なる販売拡大を目指し同社は、非住宅木造向けの新商品開発にも取り組んでいる。「合板は、樹種によってある程度強度が限定されるが、パーティクルボードは、厚さ、密度などを簡単に調整できるため、非住宅木造により適した高耐力の耐力面材の開発に取り組みやすい。実際に複数のハウスメーカーなどから、独自仕様の非住宅向けの耐力面材開発の依頼が来ている」（同社）。

製品の表面にはネイルマークをつけ、早く正確な施工ができるように配慮している

構造材

ローテク、シンプルに製造できる木質パネル
地域の林業・木材産業の活性化に貢献

DLT

プレミアムポイント → 先進性 独自性 社会性 性能品質 コスパ デザイン 施工性 将来性 使い勝手 生産性

株式会社長谷川萬治商店

☎03-5245-1151
https://www.haseman.co.jp/

DLT（Dowel Laminated Timber）は、木材を木ダボで接合した木質パネル。接着剤は使わずに、木材に深孔を開けて木ダボを通すという簡易な方法で製造できる。木の表面を現しにした多彩な表面デザインを生かした意匠材兼構造材として活用が可能だ。

CLTや集成材など、接着剤で積層する構造材に比べ、製造方法がローテクでシンプルなため、大型の設備がなくても、中小の製材所なども地域材を活用して製造できる。加えて、他の木質パネルと異なり、建築用途では使いにくい、丸みなどを含むB材、C材もパネル化し有効活用することができる。

DLTが考案された欧州では、ドイツ南部やスイスの山間部に中小規模の製材工場が点在し地域の木材を活用している。素材生産から加工、利用までの流れが地域の中で成立しており、小さな地域社会の中で限られた木材資源などを有効活用し地域経済を回す。

記者の目

「木を守る。木を生かす。」をブランドスローガンに、木材問屋事業、木材加工事業、建築事業、木材製品加工事業など、木材に関わる事業を幅広く展開する長谷萬グループは、ニーズの多様化への対応の一環として「セル生産」を進めている。人口が拡大していく時代は、コンベアで、同じものを大量に生産するシステムが求められたが、今の時代は、小さなセルで、色や、微妙なスペック、また夏モデル・冬モデルなど、多様化するニーズに柔軟に対応できる少量多品種のものづくりが求められている。セル生産のコンセプトを生かし商品化したのがDLTだ。地域の製材工場などは、地域材を有効活用して意匠兼構造材として付加価値を高めた商品提案ができるようになる。地域の林業・木材産業の活性化への貢献度の高い建材として普及が期待される。

ココがスゴイ 木材の有効利用に貢献 少量多品種生産も可能

DLTは、製材を並べて穴をあけ、木ダボを差し込むだけで製造できる。また、丸身などを含むB材と呼ばれる木材も有効活用できる。長谷川萬治商店は、地域の中小製材事業者などと連携し、DLTの製造技術の導入を支援し普及拡大を目指す。中小の製材事業者は、各エリアのニーズに柔軟に対応して多品種少量生産で付加価値を高めた製品を供給できる。現在、群馬県、茨城県、宮城県、秋田県などで連携を進めている。秋田県大館市役所に設置された「秋田スギDLTブース」は2023年のウッドデザイン賞を受賞した。

DLTの材の色調を確認する様子

DLT丸身付きタイプ

ココがスゴイ 独自の意匠性で 建築デザインに新たな選択肢

独自の意匠性によって、建築デザインに新たな選択肢をもたらし、これまでにない木質感溢れる内装デザインを実現する。また、断熱材や吸音材などを組みあわせて、機能や付加価値を高めることも可能だ。標準サイズは、厚さ120mm、幅480mm、長さ4000mmだが、カスタムオーダーにも対応する。

ANDPADHOUSE（設計　小林・槇デザインワークショップ）
吸音DLT仕上げの天井

ココがスゴイ 天井現しの床パネルで 木質感あふれる空間に、施工簡略化も

DLTは、床パネル、壁パネルなど、構造用途への活用も可能だ。強度試験では、杉JAS2種2級材で製造したDLTが同じ断面寸法の集成材（E65F255）同一等級構成の平梁と同等程度の強度を有していることを確認している。天井現しの床パネルとして利用することで天井施工を簡略化するといったメリットもある。さらに、軸組工法と組み合わせて壁パネルとしても使用可能だ。スギ105×105 JAS乙種2級同等材で製造したDLT耐力壁は、壁倍率2.2倍相当、構造用合板との併用で最大5.5倍相当の壁倍率となる。大臣認定は取得していないため、許容応力度計算による構造計算が必要となる。

バウマイスターの家（設計　網野禎昭＋平成建設一級建築士事務所）
木の色調が美しいDLT天井仕上げ

幼稚園の園庭に設置したボルダリング壁として「DLT＋AZN」が採用された

ココがスゴイ 乾式加圧注入処理で マスティンバーの外構利用も可能に

DLTに、兼松サステックの防腐・防蟻処理用木材保存剤「ニッサンクリーンAZN」を乾式加圧注入処理した、高耐久・乾式防腐防蟻処理マスティンバー「DLT＋AZN」も発売した。「DLT＋AZN」について共同で特許を取得。ゼネコン、設計事務所、住宅会社などに対して、公園の遊具材、造園材、木塀、木ルーバーなどの外構材の用途で提案していく。

柱間にはめ込み釘止する簡単施工で高耐力壁に
パネル化、ユニット化で在来木造を合理化

タフボード

プレミアム
ポイント ▶ 先進性 独自性 社会性 性能品質 コスパ デザイン 施工性 将来性 使い勝手 生産性

株式会社ビスダックジャパン

☎072-361-8880
https://www.visdac.co.jp/

「タフボード」は、ビスダックジャパンが約10年前に開発した木造軸組工法用の耐力壁。特殊な材料は一切使用せず、木質系面材、製材というシンプル部材のみを組み合わせて高耐力を実現。柱間にはめ込み、釘で留め付けるだけで施工が完了する。幅900mmで壁倍率4.5倍の大臣認定を取得している「タフ900」をはじめ、幅600mmで壁倍率3.8倍の「タフ600」、幅455mmで壁倍率3.5倍の「タフ455」の3種類をラインアップしている。袖壁や、狭小の耐力壁など、これまで耐力壁としてカウントできなかったところに、タフボードを追加することで耐力を確保できる。断熱材やホールダウン金物などと干渉しない設計で、簡単に取りつけられる。最近では「狭小住宅でも高耐力を確保したい」といったニーズがも増加している。また、壁変形率が1/15以下なので"ねばり"があり、木質パネルの中では唯一、限界計算に対応することができる。一度使用するとリピーターとなるケースが多いという。

記者の目

「タフボード」は、特殊な金物などは一切使用せず、木質系面材や製材のみを組み合わせるシンプルな設計が特徴で、施工性の高さが支持を集めている。2025年4月には、住宅の省エネ化に伴う重量増加に対応して4号特例縮小がスタートする。木造2階建て、200㎡超の木造平屋建ては簡易計算の基準が強化され、新たに構造関係規定などの図書の提出が必要になる。4号特例縮小への対応、さらに設計の自由度向上にも寄与する耐震建材としても注目を増していきそうだ。また、同社は、タフボードを単品で販売するだけでなく、パネル化、ユニット化に取り組み、建築の可能性を広げる取り組みも強化している。住宅の高性能化が進む一方、職人不足は深刻化しており、施工の合理化が強く求められている。そのソリューションとしても引き合いが増えていきそうだ。

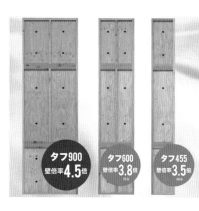

 ## 高耐力の耐力壁を実現

タフボードは、柱間にはめ込み施工するだけで高耐力の耐力壁を実現できる製品。寸法に応じて壁倍率3.5倍、3.8倍、4.5倍の壁倍率を付与でき、狭小壁にも追加で耐力を確保できる。工場生産による均一化でコストダウンを実現し、他社の木質系のパネル製品に比べて、安価な価格も支持を集める理由の一つだ。

クレーンで吊っても変形しない木造建築ユニットを開発

同社は、タフボードを活用したユニット建築なども商品化し実績を重ねている。その一つが木造建物ユニット「レブユニット」。"軸組工法"の洋風「デミックモンガー」と、日本建築伝統工法、和風"落込板工法"の「ログBOX」の2種類をラインアップしている。レブユニットでは、床、壁、屋根の各パネルを、自社工場で生産し、ユニットに組み立て、そのユニットのままトラックで現場に運び、クレーンで吊って移設し設置完了となる。タフボードを用いてユニット化することで、クレーンで吊っても変形しない強度を実現している。

より軽くなったパネル構法で職人不足を解消

タフボードを組み合わせたパネルによって、木造在来工法をシステム化した「在来軸組パネル構法」も開発した。床、壁、間仕切り、小屋、屋根、天井の構造躯体を構成する全ての箇所をパネル化することが可能で、壁用のパネルは、外壁下地材や開口部材を施工した状態で搬入することもできる。パネル幅は450mm〜2700mm、軒高については3000mmから9000mmまで製造可能。パネルのサイズが小さく運搬や施工が行いやすい、運搬にラックなどを用いる必要はなく平積みできるという特徴も備えている。使用するパネルの枠材をなくすことで材積を減らすことにも成功している。パネルを柱などに取り付けるために枠材が必要であったが、独自に開発した「タフトライ」という部材を活用することで枠材なしでも施工できるようにした。これは土台の四隅の入隅部分、柱と梁の接点の直角を簡単に確保できる三角定規のような形状をした専用部材。パネルを固定する際にも使用することで枠材をなくすことが可能になった。

"軸組工法"の洋風「デミックモンガー」

日本建築伝統工法、和風"落込板工法"の「ログBOX」

人手不足を補う「在来軸組パネル構法」。平積みできるパネルを活用し上棟までの施工時間を大幅に短縮する

耐震フレーム+高断熱窓の新発想
耐震と断熱の同時リフォームを実現

FRAMEⅡ

プレミアムポイント ▶ 先進性 独自性 社会性 性能品質 コスパ デザイン 施工性 将来性 使い勝手 生産性

YKK AP株式会社

☎0120-20-4134
https://www.ykkap.co.jp/

「FRAMEⅡ」は耐震性と断熱性という2つの性能を向上させる既存木造戸建住宅向けのリフォーム商品だ。木質耐震フレームと高断熱窓を組み合わせるというYKK APならではの発想で、既存住宅の価値向上を提案する。

ストック活用が社会的に大きなテーマとなっているが、大きな課題がその性能だ。たとえ構造に問題がないとしても、耐震性が現在の基準に適合していなければ安全性に大きな不安があり、断熱性が低ければ現代の暮らしにあわず活用も進まない。

FRAMEⅡは木質耐震フレーム「J-耐震開口フレーム」を用いる。これは筋交い・合板よりも高い靭性を持っており粘りに強いという特徴を持つ。開口部の耐力壁量を増やし、耐力壁配置のアンバランスを解消することで耐震性を改善する。

この耐震フレームに高性能樹脂窓「APW 330」などを組み合わせることで、採光や通風といった窓の機能はそのままに断熱性を高めることができる。

記者の目

買取再販が新たなマーケットとして拡大しつつあり、空き家の活用が強く進められようとしている。国土交通省によると人が居住する住宅ストック約5210万戸のうち耐震性が足りない戸建住宅等は約900万戸、バリアフリー・省エネの性能を満たさない戸建住宅等は2670万戸存在するという。性能を向上させる改修は躯体に手を入れる必要があり、手間やコストの面など多くの課題がある。ただ、「FRAMEⅡ」のように性能向上を目的としたリフォーム向け商品や工法が開発、発売され、住宅事業者の取り組みも広がりつつある。新築からストックへと住宅市場が大きく変わりつつあるなか、性能向上リフォームをさらに強く推し進めていく必要がある。

耐震+断熱を実現する
新発想の耐震改修工法

「FRAMEⅡ」の耐震補強を担う「J-耐震開口フレーム」は、国土交通大臣の認定と(一財)日本建築防災協会の住宅等防災技術評価の技術評価書を取得している。高い靭性を持ち、耐震上の弱点である開口部の耐力壁量を増やすことができる。この開口部に断熱性が高い樹脂窓「APW 330」などを組み合わせることで、採光や通風を確保したうえで断熱性も高めることができるのが「FRAMEⅡ」の大きな特徴だ。

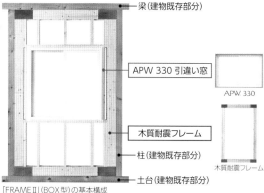

梁(建物既存部分)

APW 330 引違い窓

APW 330

木質耐震フレーム

柱(建物既存部分)

木質耐震フレーム

土台(建物既存部分)

「FRAMEⅡ」(BOX型)の基本構成

開口部の大きさで「門型」(上)か「BOX型」(下)を選択できる

大開口間仕切りや
階段部にも

「J-耐震開口フレーム」は「門型」と「BOX型」を用意しており、設置する場所や開口部の大きさによって選択することができる。掃き出し窓など大きな窓はもちろん、大開口の間仕切りや階段部などでも使用することが可能だ。例えば、狭小地であっても耐震性を確保しながら大開口を実現したり、インナーガレージを設置することもできる。

窓を犠牲にせず耐震性をアップ

「J-耐震開口フレーム」は開口部を耐力壁とすることが大きなポイント。一般的な耐震補強は壁に筋交いを入れたり、構造用合板を張ることなどで補強することから、どうしても窓の大きさが犠牲になり暗くなりがちだが、このフレームならば窓の大きさを確保しつつ耐震性を高めることができる。

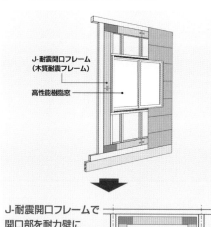

J-耐震開口フレーム
(木質耐震フレーム)

高性能樹脂窓

J-耐震開口フレームで
開口部を耐力壁に

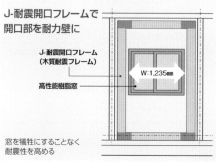

J-耐震開口フレーム
(木質耐震フレーム)

高性能樹脂窓

W:1,235㎜

窓を犠牲にすることなく
耐震性を高める

既存外壁に上張りする断熱リフォーム
工期短縮、コスト低減、廃棄物削減など大きなメリット

ソトダンプラス

プレミアム
ポイント ▶ 先進性　独自性　社会性　性能品質　コスパ　デザイン　施工性　将来性　使い勝手　生産性

アキレス株式会社

☎03-5338-9544
https://www.achilles.jp/

「ソトダンプラス」は、短工期・低コストな木造住宅向けの上張り断熱リフォーム工法だ。

ストック住宅の断熱性向上が強く求められている。ただ、従来工法は既存の壁を壊して行うものが多く、改修工事の手間やコストはもとより仮住まいを必要とすることなどから、なかなか広がっていないのが現実だ。

同工法は、北海道大学名誉教授の福島明氏の指導を受けて開発に取り組んだもの。同社の高性能硬質ウレタンフォーム断熱材「キューワンボード」を既存木造住宅の外壁に上張りし、リフォーム完了。

既存の外壁を残したまま施工するため、住宅を壊さず住んだままでのリフォームが可能なことが大きなポイントだ。壁を解体・撤去して行うスケルトン改修に比べて施工の規模・費用を抑えることができ、生活空間に影響しないことから引っ越しや家具の位置変更などの手間もかからない。

さらに構造用合板による補強を行うことで断熱改修と耐震補強をあわせて行うことができる。

記者の目

住宅性能表示制度に断熱等性能等級5～7が新設され、上位等級への取り組みも広がり始めている。こうした新築住宅の省エネ化に比べ、大きな課題といえるのが約5000万戸に達するストック住宅の性能向上だ。国は補助金や優遇税制など省エネリフォームに対する支援を続けている。内窓設置や外窓交換など窓リフォームは広がりつつあるが、構造躯体の断熱化は進んでいるとは言い難いのが現実だ。住生活基本計画では2030年の住宅ストックのエネルギー消費量の削減率18%（2013年度比）という目標を掲げる。こうしたストック住宅の姿を実現していく上で、「ソトダンプラス」のような工期やコスト面など居住者の負担を抑えられる技術開発が不可欠になっている。

［ココが スゴイ］ 躯体を壊さず既存壁の上から断熱材を上張り

「ソトダンプラス」は、高性能硬質ウレタンボード「キューワンボード」を既存の外壁に上張りする工法。耐力壁の頂部と脚部に壁内への空気の侵入を防ぐ気流止めを施すことで既存の充填済み断熱材を生かし、上張りした断熱材とあわせて住宅の断熱性、気密性を向上させる。

壁を壊さず
住んだまま工事が可能

［ココが スゴイ］ 通気胴縁などを一部撤去し構造用合板で耐震補強

施工は、まず階壁脚部の外壁材や通気胴縁などを300mm前後撤去し、躯体内の劣化診断を実施、壁頂・壁脚部の壁体内に気流止めがない場合は気流止めを施工する。次に厚さ12mmの構造用合板で撤去部分に蓋をして釘打ちし、撤去した外装材で閉塞する。その上から上張り断熱材を張り、外装材を施工する。この構造用合板の補強により耐震性を強化することができる。

壁の頂部と脚部に
構造用合板を張ることで耐震性を向上

［ココが スゴイ］ 工期を短縮しコストを低減、さらに廃棄物削減も

上張り断熱によるリフォーム工事は多くのメリットを持つ。全面的な外壁の解体・撤去を伴わないため施工の規模と費用が抑えられ、大幅な工期短縮とコストダウンが実現できる。北海道における実績では工期を2〜3割短縮できた例もあるという。また、住んだまま工事ができることから仮住まいなどの手間も不要だ。さらに建築廃材を削減でき、アスベスト対策や産廃物の減少にもつながる。

随時、現場見学会を開催し、その効果やメリットを伝えている

「アクリアα」シリーズで最高性能を誇る
厚さ250mmの天井用グラスウール断熱材

アクリアαR71

プレミアム
ポイント　先進性　独自性　社会性　性能品質　コスパ　デザイン　施工性　将来性　使い勝手　生産性

旭ファイバーグラス株式会社

☎0120-99-6388
https://www.afgc.co.jp/

住宅の高断熱化に向けた動きが加速するなか2022年3月に「JIS A 9521：建築用断熱材」が改正。それまで200mmだったグラスウール製品の厚みの認定範囲が250mmまで拡大した。

「アクリアαR71」は、改正JIS認定の最大厚みに対応した天井用の断熱材だ。同社が販売する住宅用高性能グラスウール「アクリアα」と同じ超細繊維を採用し、20K 250mm厚で熱抵抗値（R値）は7.1㎡・K/W、同シリーズで最高クラスの断熱性能を確保した。

従来品の2層施工をせずにすむことや、吹込み用グラスウールに比べて特別な技術が不要なことなど、その施工性の高さから、関東や九州といった断熱地域区分上の温暖地（5、6、7地域）を中心に、断熱に意欲的に取り組む住宅事業者からの採用が増えてきている。

記者の目

省エネ基準への適合義務化により2025年度から断熱等性能等級4が義務レベルとなり、さらに2030年度までにその水準はZEH水準、つまり等級5レベルに引き上げられる。こうしたなかで、すでに等級5はスタンダードとなりつつあり、差別化を図るために等級6以上の性能を持つ住宅づくりが広がり始めている。

ただ、断熱性能をさらに高めるためには断熱材を厚くする必要があり、施工面で手間が増えるのも事実。例えば、旭ファイバーグラスは5、6、7地域での等級6の仕様として、天井は「アクリアマット」14K155mm（R値4.1）の2層施工を推奨しているが、2層の施工は手間が掛かる。しかし、「アクリアαR71」であれば求められるR値を1層でクリアでき、施工性が飛躍的に向上する。人材不足が深刻化し、「省施工」が重要なキーワードとなるなか、今後、等級6以上の住宅づくりに向けた選択肢のひとつとして普及していきそうだ。

「アクリアα」シリーズで最高性能
R値7.1、熱伝導率0.035を実現

約3μの超細繊維を使用することで「アクリアα」シリーズで最高レベルの断熱性能を確保した。2022年3月の改正JISの最大厚みに対応したグラスウール製品はほかになく(2023年11月時点)、20K250mm厚でR値7.1㎡・K/W、熱伝導率0.035W/(m・K)を実現している。旭ファイバーグラスは2019年に中部工場を稼働させているが、住宅の高断熱化を見据えてグラスウール断熱材の厚手化に対応する設備を導入しており、250mm厚の製品化をいち早く実現した。

「アクリアαR71」は、22年3月のJIS改正にいち早く対応。超細繊維を採用し、「アクリアα」シリーズで最高レベルの断熱性能を確保した

一般グラスウール

平均繊維径7〜8ミクロン
グラスウール10kg/㎡(0.050)
( )内は23℃での時の熱伝導率(W/m・K)

高性能グラスウール

平均繊維径5〜6ミクロン
アクリアウール16kg/㎡(0.038)

高性能グラスウール
(細繊維タイプ)

平均繊維径4〜5ミクロン
アクリアネクスト14kg/㎡(0.038)

 独自技術で、
さらに細く!

高性能グラスウール
(超細繊維タイプ)

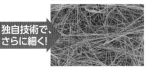

平均繊維径3〜4ミクロン
アクリアα(アルファ)
36kg/㎡(0.032)
20kg/㎡(0.034)

特殊な技術が不要で
吹込み用グラスウールと
同等の性能を実現

「アクリアαR71」は、吹込み用グラスウール「アクリアブローS」370mm厚相当と同等の断熱性能を持つ。吹込み用グラスウールは、天井の吊木や配線まわりなどにも隙間なく確実に施工できることが利点だが、一方で施工は同社の認定工事店しか行うことができない。加えて、材工込みの価格となるため、コストも高くなる。しかし、「アクリアαR71」は吹込み用と同等の断熱性能を実現しつつも、壁用と同じマット製品であり施工に特殊な技術が不要なため大工でも施工可能だ。

250mmの厚みで
施主にも高断熱を分かりやすく訴求

「アクリアαR71」は、住宅用グラスウール断熱材としては最高の厚さとなる250mmを実現した。見た目の厚みのインパクトは大きく、断熱に関する知識を持たない施主に対してもしっかりとした断熱を行っていることを視覚的に訴求できる。

155mm   250mm

通常製品と比較しても100mm程度厚く、見た目のインパクトが大きい

薄く、高性能な建築用真空断熱材
断熱改修の新たな可能性をも広げる

VIP-Build

プレミアムポイント　先進性　独自性　社会性　性能品質　コスパ　デザイン　施工性　将来性　使い勝手　生産性

旭ファイバーグラス株式会社

☎0120-99-6388
https://www.afgc.co.jp/

　国内で初めて建築用真空断熱材のJIS規格認証を取得し、いち早く本格販売を開始した商品が「VIP-Build」だ。

　最も大きな特徴は、その高い断熱性能である。熱伝導率は、初期性能、長期性能いずれも0.004W/(m・K)と、住宅用グラスウール断熱材で国内最高クラスの性能を持つ旭ファイバーグラスの「アクリアα」（高性能36K）の8分の1程度である。熱抵抗値（R値）は呼び厚み16mmで4.0㎡・K/Wを達成する。

　こうした高い性能を長期にわたり維持できるのもポイント。JISが求める「23℃、相対湿度50％、25年継続使用」という規定をクリアしており、初期性能が長期にわたってほとんど低下しないことが確認されている。

　薄く優れた断熱性能を持つ真空断熱材はこれまでの住宅用断熱材の概念を大きく変えるものと言える。新築はもとより、既存住宅の断熱改修には大きな効果を発揮するだろう。住宅の高断熱化が急速に進むなか、住宅断熱化の新たなステージを切り開く建材として注目される。

記者の目

既存住宅の断熱改修には壁を剥がすなどの大規模な工事が必要となるケースが一般的で、コストがかかる、手間がかかるなどの理由から敬遠されがちで、新たな断熱改修工法の開発への期待は高い。こうしたなか住宅分野でこれまでになかった真空断熱材が登場した。呼び厚み16mmで熱抵抗値4.0と、高性能グラスウール14Kの152mm厚に比べ10分の1に近い厚さで同等の性能を発揮する。既存壁を壊すことなく付加断熱として使用してもそれほど壁厚を厚くすることなく断熱性能を高めることが可能となる。まったく新しい建材だけにコストや施工性に課題はあるとはいえ、「VIP-Build」は大きな可能性を秘めた断熱材であることは間違いない。

驚異の断熱性能を
長期にわたり保持

「VIP-Build」の最大の特徴はその断熱性能の高さだ。熱伝導率は0.004W/(m・K)であり、同社の住宅用グラスウール断熱材で国内最高レベルの性能を持つ「アクリアα」の8分の1程度である。この優れた性能が長期にわたって持続することもポイント。JISでは「23℃、相対湿度50%、25年間継続使用」と規定しているが、この条件で行った性能変化の試験において、初期性能がほとんど変化しないことが確認されている。

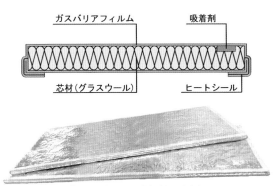

ガスバリアフィルム　　吸着剤

芯材（グラスウール）　　ヒートシール

「VIP Build」の断面図（上）と製品写真（下）

熱抵抗値4.0を厚さ16mmで実現する

16mm厚で熱抵抗値4.0を実現

高い断熱性能を16mmという薄さで実現した。「VIP-Build」16mm厚の熱抵抗値は4.0。従来のグラスウールと単純比較すると、高性能グラスウール14K152mm厚と同等の性能となる。つまり、これまで152mmが必要であった性能を16mmで実現できるということだ。

通常、高性能化とともに断熱材の厚さは厚くなる。そのため壁厚を厚くせざるを得ず居住空間を圧迫したり、外側に付加断熱を施すといったことが行われている。「VIP-Build」は、こうしたこれまでの常識を覆す新たな高断熱化を可能とする。同社によると、90mm厚の高性能グラスウール断熱材で充填断熱を行い、室内側に「VIP-Build」を施工することでR値6.4が実現可能で、断熱等性能等級7など高断熱な住宅への活用も見込んでいる。

手軽に室内側からの
断熱改修が可能に

既存住宅の断熱改修は、壁を壊して断熱材を施工する必要があり、手間とコストがかかることが大きな課題となっている。壁を壊さずに内側から断熱材を付加する工法も実用化されているが、断熱材厚さ分居住スペースが狭くなることは否めない。「VIP-Build」は新築のみならず、こうした既存住宅の断熱改修にも新たな可能性をもたらす。薄い断熱材を室内側から施工することで、居住スペースを極端に圧迫することなく断熱性能を高めることが可能となる。

施工は既存壁に木下地材を取り付け、VIP-Buildの寸法に合わせて横木を設置。VIP-Buildを設置する下地面に仮止め用両面テープと接着剤をつけてVIP-Buildを張り付ける。施工時に穴を開ける、カットするなどの加工はできない

ノンフロン化した2液タイプの現場発泡断熱材
安定性はそのまま断熱性向上

インサルパックNB-PROシリーズ（ノンフロン）

プレミアムポイント ▶ 先進性 / 独自性 / 社会性 / 性能品質 / コスパ / デザイン / 施工性 / 将来性 / 使い勝手 / 生産性

株式会社エービーシー商会
☎03-3507-7390（インサル事業部）
https://www.abc-t.co.jp/

現場発泡型ウレタンの断熱材は、壁面・天井・床下の吹き付けはもちろん、隙間の穴埋め、ボード系断熱材などの部材間の隙間シールなど、より高い断熱性能が求められる場所で手軽に使用できるといった特長を備えている。加えて、気密性能の確保という点でも重要な役割を担う。

エービーシー商会では、1液タイプと2液タイプの現場発泡ウレタン断熱材を展開している。

このうち、2液タイプについては、2021年10月に商品を一新し、ノンフロンタイプの「インサルパックNB-PROシリーズ（ノンフロン）」を発売している。

従来品に比べて地球温暖化係数（GWP）を99％以上削減しており、現場発泡ウレタン断熱材の大きな課題であった地球環境への負荷を大幅に低減することに成功。

断熱・気密性も高く、熱伝導率0.022W/（m・K）を実現する。簡単に持ち運びができ、動力を使わず、さまざまな場所で施工できる点などが高い評価を得ている。

記者の目

RC造のオフィスビルや新築マンションなどで普及する現場発泡断熱材は、2トントラックに、専用の機材を搭載し、長い専用のホースで現場に対応し、吹き付け施工する。新築には適しているが、リフォームには再度、トラックを手配するなど、準備が大がかりになるため適していない。

一方、そうしたリフォームに適しているのが、小回りが利く、2液タイプの現場発泡断熱材だ。しかし、一定の需要はあるものの、ノンフロン化への要求が強まる中で、普及拡大にブレーキがかかる状況が続いていた。それだけにノンフロンタイプの「インサルパックNB-PROシリーズ（ノンフロン）」が登場したことが、市場にもたらす影響は少なくないだろう。

念願のノンフロンタイプ
断熱性能も従来品と同等

現場発泡断熱材については、地球温暖化問題の観点からノンフロン商品の開発が求められていた。しかし、使用期間の確保やフォームの安定性を確保するためのハードルが高く、長年にわたりノンフロン化の実現には至っていなかった。エービーシー商会では、長年の商品開発によって、発泡ガスに代替フロンを使用しないノンフロン（HFO）化に成功。従来品と比べ、使用期限は同等、フォームの安定性もほぼ同じで、なおかつ断熱性能の向上にも成功している。

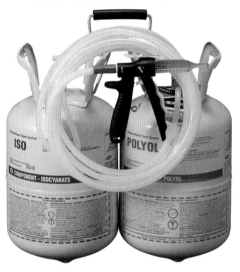

小回りが利き
性能向上リフォームに最適

小回りが利く「インサルパックNB-PROシリーズ（ノンフロン）」は、既存住宅の壁面や天井、床下へ簡単にフォームを吹き付けることができ、断熱性能の向上、結露防止効果を発揮する。既存住宅の性能向上リフォームに最適の商品となっている。10〜30㎡ほどの空間の断熱改修に適している。内容量の異なる3タイプを用意。

JIS最高カテゴリーの高性能断熱材
プレカットサービスで省施工、施工品質などを確保

ミラフォームΛ(ラムダ)

プレミアム
ポイント｜先進性　拇自性　社会性　性能品質　コスパ　デザイン　施工性　将来性　使い勝手　生産性

株式会社JSP
☎03-6212-6363
https://www.co-jsp.co.jp/

「ミラフォームΛ(ラムダ)」は、熱伝導率0.022W/(m·K)という性能を持つ押出法ポリスチレンフォームでは高性能の断熱材だ。

断熱材に関するJIS(2014年改定)で、Fランクのカテゴリー基準を満たしている高性能断熱材である。加えて、圧縮強さ、曲げ強さ、吸水量などでも高い性能を持っている。

国が住宅の省エネ性能向上に力を入れ、住宅性能表示制度に断熱等性能等級6·7が設定されるなか、住宅業界ではこれら上位等級への取り組みが加速している。同社では、より高いレベルの断熱性能を目指す住宅事業者に対してミラフォームからミラフォームΛへの切り替えを推奨している。ラインアップは、25、30、40、50、55、75、90、100㎜厚の8種とバリエーションも豊富で、さまざまなニーズに対応する。

また、同社は断熱材のプレカット加工サービスを行っており、建設現場の施工負荷の減少、廃材の減少などにも貢献している。

記者の目

建材メーカーの商品開発において「省施工」が非常に重要なキーワードになっている。

押出法ポリスチレンフォーム断熱材は、床の断熱施工で使われるケースが多かった断熱材であるが、JSPは現場施工の省力化を目的に約20年前から断熱材のプレカット加工サービスを行ってきた。施工工程の簡略化が図れ人件費の節約につながる。プレカットした断熱材を必要枚数納品されることから余りがなく費用を削減でき、端材が出ないことから産廃費用の削減にもつながる。環境配慮の面からも大きなインセンティブを持っている。性能が高いことはもちろん、人材不足や環境配慮など住宅業界が直面する課題の解決につながる商品と言えよう。

ココがスゴイ 独自の発泡技術で高い断熱性を実現

「ミラフォームΛ」は熱伝導率0.022W/(m・K)。これは同社がこれまで培ってきたプラスチック発泡技術によるものだ。独自の気泡膜により輻射熱を抑制しガスバリア性をアップしたことに加え、気泡形状による熱伝導率の抑制効果で高い断熱性能を持つ。また、曲げ強さ（靭性）は20N/cm²以上、圧縮強さは10N/cm²以上、吸水量は0.01g/100cm²以下と、さまざまな高い性能を持つ。ノンフロン、ノンホルムアルデヒドなど人や環境にもやさしい断熱材だ。

ゼロエネルギーで、暮らそう。

ZEH

断熱性だけでなく、撥水性などさまざまな特長を持つ

屋根の場合（充填断熱工法）

通気層30mm以上が望ましい

通気層35mm / 通気層10mm

垂木90mm

ミラフォームΛ 55mm / EPS1号 80mm / グラスウール24K品 90mm

（R値 2.3相等）

ミラフォームΛなら通気層30mm以上確保!

ココがスゴイ 8種の厚さバリエーションから適材適所で選択可能

厚さのバリエーションは25mm、30mm、40mm、50mm、55mm、75mm、90mm、100mmの8種類。高い断熱性能を持つため同じ断熱性能であれば薄くて済み、豊富なバリエーションから施工場所によって選ぶことができる。例えば、屋根であればR値2.3相当であればミラフォームΛ55mmを垂木高90mmに入れると通気層を35mm取ることができる。また、床の場合はR値2.2相当であればミラフォームΛ50mmで対応することができる。

ココがスゴイ プレカットにより省施工、施工品質の確保も可能

JSPは断熱材のプレカットサービスのパイオニアだ。約20年前に業界に先駆けてサービスを開始し、住宅事業者からの支持を集めている。通常、断熱材は規格品で納められ、それを現場でカットして施工する。この作業に一日程度を要することもあるというが、プレカット材を用いることで2時間程度に短縮できる。図面情報をもとに工場で正確にカットすることから、施工品質の向上にも大きく寄与する。

断熱材のプレカットは施工面だけでなく廃棄物削減など環境負荷の低減にも大きく貢献する。

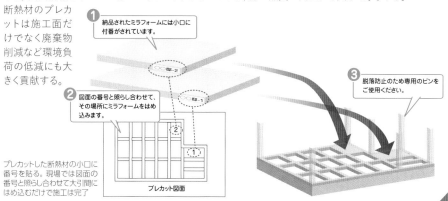

❶ 納品されたミラフォームには小口に付番がされています。

BB-2

❷ 図面の番号と照らし合わせて、その場所にミラフォームをはめ込みます。

BB-1

プレカットした断熱材の小口に番号を貼る。現場では図面の番号と照らし合わせ大引間にはめ込むだけで施工は完了

プレカット図面

❸ 脱落防止のため専用のピンをご使用ください。

基礎外側への施工で断熱+防蟻
安全性、効果の持続性など劣化対策にも有効

スタイロフォームAT

プレミアム
ポイント　先進性　独自性　社会性　性能品質　コスパ　デザイン　施工性　将来性　使い勝手　生産性

デュポン・スタイロ株式会社

☎0120-113210
https://www.dupontstyro.co.jp

「スタイロフォームAT」は防蟻機能を兼ね備える断熱材で、基礎コンクリートと同時に打ち込み施工ができ、基礎外側断熱工法に適している。

住宅の省エネ化が加速するなか基礎断熱に注目が集まっているが、そこで重要となるのが防蟻機能だ。基礎断熱の場合、シロアリの侵入に気づきにくいことから被害の拡大が懸念される。「スタイロフォームAT」は、押出法ポリスチレンフォーム断熱材に安全性の高いネオニコチノイド系の防蟻薬剤を混入、断熱材自体にシ

ロアリの食害を防ぐ機能を持たせることで、断熱材が蟻道やコロニーになる可能性がほとんどない。また、防蟻剤の現場塗布や土壌改良に比べて防蟻剤の流出・拡散がほとんど生じないことに加え、吸水しにくくコンクリートと同時打ち込みも可能なことから、基礎周りや土間部分などに適している。

断熱性能は、熱伝導率0.028W/(m・K)以下。屋根、壁、床用には熱伝導率0.022W/(m・K)以下と高性能な「スタイロフォームFG」をラインアップしている。

記者の目

基礎断熱が注目されている。断熱性能を高めるため、特に寒冷地において床断熱の重要性が高まっているが、断熱材の厚みに限界があることから基礎から断熱しようという考え方だ。しかし、基礎断熱には蟻害をいかに防ぐかという課題がある。この基礎断熱における防蟻対策を業界に先んじて行ったのが「スタイロフォームAT」である。

15年以上の歴史、また、屋外試験がその性能を裏付けている。

基礎断熱は住宅の省エネ化はもとより、床下空間の活用や水道管の凍結対策にも有効であり、今後、その採用が広がって行くと考えられる。防蟻対策は住宅の劣化防止の点で非常に重要なポイントであり、基礎断熱を行う際には十分な配慮が望まれる。

安全性の高い薬剤を スタイロフォームに混入

「スタイロフォームAT」は、ネオニコチノイド系の防蟻剤をスタイロフォームに混入した。同薬剤は、農薬としての使用が認められた安全性の高いもの。木の防腐剤としても用いられ、非忌避性と伝播性の効果を持つことから、断熱材がシロアリの蟻道やコロニーになる可能性がほとんどない。

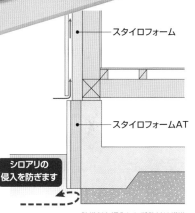

防蟻剤を混入した断熱材は蟻道やコロニーになる心配がない

15年経過でも薬剤の効果は変わらず

ネオニコチノイド系薬剤の大きな特徴の一つが、防蟻剤の現場塗布や土壌改良に比べて防蟻剤の流出・拡散がほとんどないこと。揮発性が非常に低いことから薬剤の効果は半永久的と言われている。同社はシロアリの活性が高い沖縄県で野外試験を続けており、15年経過時の薬剤の残存量が製造当初とほとんど変わっていないことを確認している。

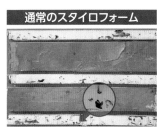
通常のスタイロフォーム

スタイロフォームAT

薬剤の効果は半永久的で、15年間の屋外試験でも効果が変わっていない

吸水による性能低下がなく 基礎や土間に最適

熱伝導率が0.028W/(m・K)と高いだけでなく、吸水による断熱性の低下がほとんどないことも特徴の一つ。防蟻性能とあわせ、基礎周りや土間部分など水分の多い部位に最適な断熱材となっている。

断熱材はほとんど吸水せず基礎などに適している

寒冷地だけでなく温暖地でも実力を
発揮する高性能グラスウール断熱材

太陽SUNR

プレミアム
ポイント　先進性　独自性　社会性　性能品質　コスパ　デザイン　施工性　将来性　使い勝手　生産性

パラマウント硝子工業株式会社

☎03-4582-5372
https://www.pgm.co.jp/

　北海道をはじめとした寒冷地において、トップシェアを獲得しているパラマウント硝子工業の高性能グラスウール断熱材「太陽SUN」。そのシェアは、北海道で6割、北東北で5割弱に達するという。

　こうした寒冷地での実績も生かしながら、さらなる高性能化を図ったグラスウール断熱材が「太陽SUNR」。グラスウールの繊維をさらに細くする製造技術の開発に成功し、グラスウール断熱材ではトップクラスの断熱性能を実現している。商品ラインアップは熱伝導率0.032W/(m・K)

の「太陽SUNR」SRGと熱伝導率0.035W/(m・K)の「太陽SUNR」SRJで、寒冷地だけでなく温暖地での高断熱化の需要にも応える。

　同社では、断熱性・気密性能の施工精度を高めやすいことから、寒冷地での実績が豊富な「太陽SUNR」を温暖地にも広げていく取り組みを行っている。断熱等性能等級の上位等級への対応を図る住宅事業者に向けて普及拡大していきたい考えだ。

記者の目

脱炭素社会の実現に向けて、温暖地においても断熱等性能等級の上位等級に取り組もうとする住宅事業者が増えてきている。そうした温暖地の高気密・高断熱のレベルを高めるうえで、参考にできるのが、寒冷地の施工方法だ。寒冷地では断熱材と気密シートを別に施工するのが一般的だが、この大きなメリットが施工精度を高めやすいこ

と。温暖地でも寒冷地と同様の仕様を採用することで、寒冷地水準の性能を確保することができる。同社では、太陽SUNRを武器に副資材のラインアップの強化も図り、温暖地でも寒冷地の仕様を推進している。今後、温暖地においても断熱材と気密シートを別に施工する仕様が存在感を増していきそうだ。

超極細繊維の製造技術でトップクラスの断熱性能を発揮

寒冷地、北海道でトップシェアを誇る「太陽SUN」の
最上位商品である「太陽SUNR」。グラスウールの
繊維をさらに細くする製造技術によって、
住宅用グラスウールとしてはトップ水準
の断熱性能を誇る。熱伝導率
0.032W/(m·K)で上位製品となる
「太陽SUNR」SRGと熱伝導
率0.035 W/(m·K)の「太陽
SUNR」SRJをラインアップし
ている。

寒冷地で豊富な実績を持つ
太陽SUNR

 ## 高い自立性などで
施工性を向上

自立性に優れ、反発力もあるため、壁に充填
しても沈みにくいという点も「太陽SUNR」の
特長のひとつ。
施工した際に表面がたわまないので、平らで
きれいな仕上がりを実現しやすく施工性の向
上に貢献する。
また、壁の外側に施工する付加断熱にも向い
ている。皮膚に触れた時、グラスウール断熱
材特有のチクチクとした肌触りも軽減してお
り、施工者はストレスを感じることなく施工で
きる。

自立性に優れ、
反発力もあるため、
施工しやすい

太陽SUNR調湿すかっとシートプレミアムは、軽量で透過性もあるため
施工しやすい

 ## 温暖地域の夏型結露を防止
断熱+防湿気密を強化

「太陽SUNR」の温暖地への普及に向けて、気密対
策も重要になるとの考えから、気密関連部材などの
副資材の充実化を図っている。その中心商品と位置
づけているのが、可変調湿気密シート「太陽SUNR
調湿すかっとシート プレミアム」だ。高温多湿な地
域では、夏型結露を意識した商品で、高湿度の環境
時には透湿機能が働き、壁内の湿気を逃がす機能を
発揮する。壁内湿度を調整することで内部結露を抑
制し、木材の腐朽やカビの発生を防止する。「太陽
SUNR調湿すかっとシート プレミアム」は、透過性の
あるシートで構造躯体や断熱材の位置の把握ができ
ることも特長だ。

内装材

無機質な素材感、高級感を持つ塗り壁材
職人の手仕事で仕上げる豊かな表現

CLIMATERIA
（クライマテリア）

プレミアム
ポイント

先進性　独自性　社会性　性能品質　コスパ　デザイン　施工性　将来性　使い勝手　生産性

アイカ工業株式会社

☎0120-525-100
https://www.aica.co.jp

「CLIMATERIA（クライマテリア）」は、職人の手仕事とマテリアルの質感で、素材感と高級感を追求した塗り壁の内外装材のブランドだ。建築用仕上げ材「ジョリパット」を発売以来、約50年に渡り、塗り壁材の代名詞ともいえるブランドを培ってきた。職人がコテやスプレー、ローラーなどにより仕上げる豊かな表現が特徴だ。これまでさまざまなデザイン開発を行ってきたが、素材感と高級感を追求した「モルタルアート」と「イタリアート」の2シリーズを新たに「クライマテリア」のブランドとして立ち上げた。

モルタル風の質感を表現する「モルタルアート」、イタリアンスタッコを現代風にアレンジした磨き壁の「イタリアート」からスタートした同ブランドは、現在では伝統的な漆喰技法の意匠性を白と黒の二色で表現する「シックアート」、重厚で深みのある石目の風合いを表現する「ストンアート」、エイジドメタルの素材感を表現する「メタリアート」、コンクリートの無骨さと重厚感を持つ「マニッシュアート」の6シリーズを内外装向けに展開している。

「CLIMATERIA（クライマテリア）」は、素材感と高級感を追求した塗り壁の内外装材の新ブランドである。内装用製品は不燃認定も取得している。
クライマテリアの大きなキーワードが「手仕事」。コテの跡、濃淡の微妙な味わいなど "一点もの" であることは、一般的なパネル材やサイディングなどに満足しない空間への強いこだわ

記者の目

りに応える。製品ごとのカラーバリエーションも豊富だ。一方で、アクリル系の樹脂塗料を用いていることから、コンクリートのように白華などの変化がなく、また、モルタルで施工しにくいところにも塗ることができるといったメリットを持ち、気軽に扱える点が大きな魅力となっている。

48

ココが スゴイ 職人の"手仕事"が表現する 高級感

クライマテリアの最大の特徴は高い質感と高級感。モルタル、石、金属などの無機質な素材感をもつ塗材を、職人の手仕事で施工することにより表現する。2023年5月には「ストンアート」に高級感を演出するボーダー調のパターン3点と本物の石材を思わせる自然な仕上がりのパターン3点を追加し、24色×11パターンへとラインアップを拡充するなど、デザインバリエーションも豊富に揃えている。

「ストンアート」に木質系ファサードと
相性の良いバリエーションを追加

ココが スゴイ 施工店のプロの技術が 品質を担保

アイカ工業は「ジョリパット」や「クライマテリア」など同社の機能性樹脂の施工ができる工事業者を「ジョリパット施工店会」として組織。商品に関する豊富な知識を持ち、一定以上の技術を持つ業者が参加している。施工が難しい工法は、技術を持つ認定された施工店のみが施工することで品質を担保している。

プロの技術が品質を担保する

ココが スゴイ 壁や床、家具などの トータルコーディネイトも可能

壁面だけでなく水平面への施工が可能な商品もラインアップする。例えば、「モルタルアート ファニチャー仕様」は什器・家具・天板向け、また、「モルタルアート フロア仕様」はフロアに施工できる商品だ。これらを組み合わせることで、壁と床、さらに什器や家具などをトータルでコーディネイトすることが可能だ。

水平面への施工が可能な商品も

内装材

製造時にCO₂を固定化する
カーボンリサイクル型のビニル壁紙

e-タン クロス

プレミアム
ポイント / 先進性 / 独自性 / 社会性 / 性能品質 / コスパ / デザイン / 施工性 / 将来性 / 使い勝手 / 生産性

アキレス株式会社

☎03-5338-9319
https://www.achilles.jp/

　カーボンニュートラルの実現に向け、建材の製造時や建物の建築時などに排出されるCO₂である「エンボディドカーボン」の削減が求められている。この削減に取り組む上で注目を集めているのが、環境配慮型の建材だ。

　なかでも、CO₂を資源として捉え原料に使用する「カーボンリサイクル」技術を活用した製品は、大気中に放出されるCO₂の削減効果が期待できる。

　「e-タン クロス」は、製造時にCO₂を製品内部に固定化するカーボンリサイクル型の塩化ビニル壁紙だ。大気中の排気ガスに含まれるCO₂を化合した合成炭酸カルシウムを配合することで、製品内部にCO₂を固定化。本来、排気として大気中に放出されるはずだったCO₂を削減できる。

記者の目

住宅・建築分野で排出されるCO₂のうち、建物運用時、つまり居住や生活に係るCO₂である「オペレーショナルカーボン」は約70%を占める。ただ、これは着実に削減されていくと考えられる。一方、残りの約30%にあたる「エンボディドカーボン」については、対策があまり進んでいないのが現状だ。近年では、住宅の建築、運用、解体までのライフサイクル全体で、CO₂の収支をマイナスにするLCCM住宅への関心が高まっており、「エンボディドカーボン」の削減は住宅事業者にとって急務と言える。

　「e-タン クロス」は、製造時にCO₂を製品内部に固定化するため、「エンボディドカーボン」の削減に寄与する塩化ビニル壁紙だ。CO₂固定コンクリートなどで実用化されているカーボンリサイクル技術を活用したもので、内装材での製品開発は建材業界で初だという。内装でもCO₂を固定化することで、建物全体で「エンボディドカーボン」の削減が図れるようになり、脱炭素を後押しする商材として注目を集めそうだ。

独自の新製法を開発
従来品と変わらない物性・機能性を担保

「e-タン クロス」は、塩化ビニル壁紙の原料として一般的に用いられる鉱山由来の天然カルシウムに替えて、大気中の排気ガスに含まれるCO_2を化合した合成炭酸カルシウムを配合している。ただ、合成炭酸カルシウムは、天然ものに比べて粒形のバラツキが大きく、配合時に粘度がコントロールしにくいという難点があった。塩化ビニル壁紙は、液状化した塩化ビニルを表層材として普通紙や不燃紙などの裏打ち材に塗布するが、粘度が不安定だと上手く塗布できない。そこで、2022年春頃から独自に塩化ビニル樹脂の配合を研究し、粘度が安定化できる新製法を確立。同社従来品と変わらない物性や機能を備えつつ環境に配慮した塩化ビニル壁紙を実現した。

「e-タン クロス」を採用することで、建物の内側からでも炭素を固定できる

 製品重量の約10%のCO_2を固定化
建物内装からも脱炭素に貢献

「e-タン クロス」は、不燃タイプと準不燃タイプを用意しており、製品重量の約10%（不燃タイプで1㎡あたり約25ｇ）のCO_2を固定化している。壁紙は薄いため、一部材としてみたときの固定量はごくわずかに過ぎない。しかし、（一社）日本壁装協会によれば、2022年度の塩化ビニル樹脂系壁紙の出荷量は5億9773万510㎡と壁紙全体の約95%を占めているため、「e-タン クロス」の普及が今後進んでいけば、一定量の削減効果が見込める。

「内装からもCO_2を固定化することで、建物内外から脱炭素に貢献することができるようになり、環境面における建築価値の向上が期待できる。また、最近では建築物の環境性能が企業価値につながるケースもあり、『e-タン クロス』を使って内装からも脱炭素に取り組んでいることを対外的に訴求することで、企業イメージのアップにも貢献できると考えている」（建装事業部・建総販売部 穂積正遠部長）としている。

なお、今後は壁紙以外にも床のシート材などに「e-タン クロス」と同様の技術が応用できないか開発を進めているという。

木質空間の可能性を広げる内装建材の新ブランド
銘木無垢の心地よさを床面以外にも訴求可能に

WOODRIUM
（ウッドリウム）

朝日ウッドテック株式会社

☎06-6245-9505
https://www.woodtec.co.jp/

「WOODRIUM（ウッドリウム）」は、環境に配慮した芯材の表面に銘木挽き板を張り合わせた、もしくは無垢集成材に特殊塗装を施した内装材の新ブランドだ。「WOODRIUM ボード（挽き板）」と、これまで内装建材シリーズ「AndMore」として展開してきた無垢カウンター、階段、手すりをリブランディングしてラインアップしている。表面材に無垢の挽き板フローリング「Live Natural Premium」と同じ樹種を揃えるなど、床との統一コーディネートによる銘木無垢の空間提案を可能とした。また、特殊塗装によりベンチシートやテーブル、階段、手すりだけでなく、キッチンサイドや洗面台のカウンタートップなど、これまで木を使うという発想がなかった場所にも使うことができる。本物の木を使いたいというニーズにコーディネートの選択肢を拡大させた商品だ。

2023年のグッドデザイン賞を受賞している。

新築住宅市場が縮小するなか、他社との差別化がこれまで以上に重要になっている。特に、内装材においては空間の価値を高めるデザイン性が強く求められる。また、一つの商品だけでなく空間全体のコーディネートへの配慮も重要だ。さらに言えば、デザイン性が高いだけでなく、現代の暮らしに求められる機能性も持ち合わせたい。「WOODRIUM」も、こうした製品の一つだ。

記者の目

コンセプトに「美しさ、機能性、環境性を兼ね備えた、かつてない選択肢。空間価値を圧倒的に上げる銘木無垢・挽き板内装材」を掲げている。
特に、シリーズの中でも「WOODRIUM ボード（挽き板）」は、塗装の工夫によって水回りでの使用を可能にしたことから、木質空間の可能性を広げる建材として今後注目を集めそうだ。

"銘木無垢"で空間の価値を向上
床材とのトータルコーディネートも可能

表面材に銘木から挽き出した2mmの挽き板もしくは無垢集成材を使用。また、側面と小口面には化粧材にあわせた無垢材を埋め込むことですべてが一枚の無垢材に見える意匠にこだわった。銘木をカウンターや階段、手すりなどの内装に取り入れることで、空間のさまざまなシーンで銘木の豊かさを感じることができ、床材や家具と相まって空間全体の価値を大きく高める。表面材には無垢・挽き板フローリング「Live Natural Premium」で採用する樹種をラインアップしており、床材とのトータルコーディネートも容易だ。

床面以外にも銘木を取り入れることで、空間全体の価値を向上できる

塗装の工夫で耐水性を強化
水回りでの使用を可能に

「WOODRIUM」は抗ウイルス・抗菌性能、耐薬品、耐汚染、室内空気環境性能という5つの衛生性能を備える「ハイジェニック仕様」とした。手が触れる部位に安心して使うことができ安全・安心な空間づくりに貢献する。さらに「WOODRIUMボード(挽き板)」はオプションに「強化塗装」仕上げを用意。ウレタン塗装を「スタンダード塗装」の2.5倍、100μm程度とすることで木材への水の染み込みを抑制する。水分による腐食や寸法変化などを防ぐことができるため、テーブルや棚板だけでなくキッチンサイドや洗面台のカウンタートップなど木を使うという発想がなかった場所にも使うことができる。

「WOODRIUMボード(挽き板)」は、「強化塗装」により水回りなどにも使用可能

1mm単位の注文に対応
軽量化で施工の負担も軽減

「WOODRIUMボード(挽き板)」は、生産面にも特徴を持つ。幅1050mm、長さ2700mmの範囲内であれば1mm単位での生産に対応し、顧客の要望に合わせて提供することができる。さらに芯材には軽量な計画植林木ラジアータパインを採用、一般的なオークの無垢集成材ボードに比べて20~25%程度の軽量化を実現しており、配送や施工の際の負担を軽減している。

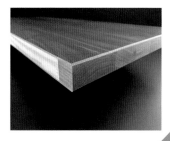

すべて国産材の無垢材挽き板フローリング
国産広葉樹活用の可能性を広げる

Live Natural Premium
オール国産材

プレミアムポイント 先進性 独自性 社会性 性能品質 コスパ デザイン 施工性 将来性 使い勝手 生産性

朝日ウッドテック株式会社

☎06-6245-9505
https://www.woodtec.co.jp/

「Live Natural Premium（ライブナチュラルプレミアム）オール国産材」は、製品を構成するすべての材料に国産材を使用した無垢材挽き板フローリング。基材から化粧材まですべてに国産材を使用したのは同社初となる。

基材には、国産ヒノキ合板と国産材単板を組み合わせたハイブリッド合板を採用。表面化粧材には国産広葉樹を中心に日本全国から厳選したナラ、セン、クリ、ヤマザクラ、ヒノキという5種類の挽き板を使用している。表面化粧材のうちヒノキ以外はすべて広葉樹。針葉樹にはない意匠性を持つだけでなく、硬く傷がつきにくいといった長所も兼ね備える。

広葉樹は針葉樹に比べて伐採量が非常に少なく、安定的に調達することが難しい。同社はかねてより広葉樹の建材利用を進めており、独自の調達ルートを構築している。また、広葉樹は小径木や曲がりが多く建材に利用しにくいとされてきたが、1枚の床材を幅が異なる8枚のピースで構成することで化粧材として利用できるようにした。

記者の目

広葉樹はその多くが燃料チップとして燃やされているのが現状だ。これでは山側に十分な利益を還元することは難しい。原木生産者の広葉樹に対するモチベーションは低下し、市場などへの供給量が減っていくという悪循環が生まれてしまっているのである。
朝日ウッドテックは針葉樹だけでなく、建材として活用が難しいとされている広葉樹の有効活用を図ることで、床から日本の山を変えていこうとしている。日本の森林蓄積量比率をみると広葉樹がおよそ3割を占めているが、建材に使われる国産材はスギやヒノキといった針葉樹がほとんどだ。「ライブナチュラルプレミアム オール国産材」は、こうした状況に一石を投じる建材なのである。

ココがスゴイ

木材の太さや曲がりの有無を問わず利用

表面化粧材にはナラ、セン、クリ、ヤマザクラ、ヒノキといった国産広葉樹を中心とした厚さ2mmの国産材挽き板を採用し、広葉樹の新たな需要先創出につなげた。市場に出回る広葉樹は小径木がほとんどで、曲がりのあるものも多い。「ライブナチュラルプレミアム オール国産材」は、1枚の床材を幅・長さの異なる8枚のピースで構成することで、木材の太さや曲がりの有無にかかわらず活用できる。

ココがスゴイ

ハイブリッド合板が変形・伸縮を抑え床暖房にも対応可能

木材は湿度変化などによって変形・伸縮するが、広葉樹と針葉樹では剛性が異なる。「ライブナチュラルプレミアム オール国産材」は基材に針葉樹、化粧材に広葉樹を中心に利用することから、床暖房による変形・伸縮を抑えることが従来品以上に難しい。そこで基材に国産ヒノキ合板と国産材単板を組み合わせた独自のハイブリッド合板を採用、床暖房にも対応可能な寸法安定性を厚さ12mmで実現した。ヒノキ合板と広葉樹化粧材の間に挟んだ国産材単板が挙動の違いのバランスを取る役割を果たし、湿度変化による変形・伸縮を抑える。

幅や長さの異なる8枚のピースで構成することで小径木や曲がり材も利用可能とした

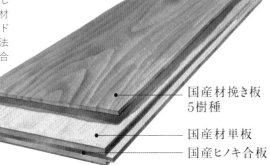

国産材挽き板 5樹種

国産材単板

国産ヒノキ合板

 ココがスゴイ

独自のルートで広葉樹を安定調達

広葉樹は針葉樹に比べて伐採量が非常に少なく、樹種も多いことから同じ材がまとまって出てきにくい。安定調達が難しいことに加え、広葉樹を扱う製材所も少ない。朝日ウッドテックは、以前から広葉樹の建材利用に取り組んでおり、独自の調達ルートを構築している。「ライブナチュラルプレミアム オール国産材」は、この調達ルートがあり、数少ない広葉樹を扱う製材所と関係構築を進めてきたからこそ誕生した商品だという。

北海道の広葉樹(ナラ)の調達の様子などをまとめた紹介動画をYouTubeで公開

オープンスペースを仕切り柔軟にレイアウト変更
住宅の多目的利用のニーズに対応

SW移動間仕切りシステム

プレミアムポイント ▶ 先進性 注目性 社会性 性能品質 コスパ デザイン 施工性 将来性 使い勝手 生産性

アトムリビンテック株式会社

☎03-3876-0600
https://www.atomlt.com/

コロナ禍後、可動間仕切りの需要が増加している。在宅勤務が一般化し住宅の多目的利用のニーズが高まっているためだ。可動間仕切りは、オープンスペースをセクション分けして、柔軟に空間のレイアウトを変更できる。仕事部屋とリビングスペースを切り分ける、仕事やプライベートな活動を効果的に分離することに役立つ。また、緩やかに空間を仕切ることで、家族が同じ空間で異なる活動を行うことも可能になる。

アトムリビンテックは、ソフトクローズ商品のパイオニア企業として引戸(可動間仕切り)市場の拡大をけん引してきた。ソフトクローズとは、油圧ダンパーと特殊なバネを組み合わせることで、引戸などが閉まる手前でスピードを抑える機構。引戸が勢いよく閉まる際に発生する大きな音や、指はさみの問題を防止できる。同社は、移動間仕切り(※同社は「移動間仕切り」と表記)の集大成として、吊り車、レール、フランス落としなどから成る「SWシステム」を展開。様々な生活シーンに応じた活用方法を提示する。

記者の目

特に近年、都内のマンションなどにおいて、空間を有効活用できる建材として可動間仕切りの存在感が高まっている。パネルの開閉により、適宜、空間を開放する、仕切ることができる。今や新築の引戸には当たり前にソフトクローズが搭載されているが、パイオニア企業として国内市場をけん引してきたのがアトムリビンテックだ。同社の「SWシステム」は、関連商品のラインアップ、プランニングの充実度で他社をリードする。

住まい手をはじめ、デベロッパー、ハウスメーカー、建具メーカーなどからの「こんな商品」がほしいという声に向き合い、商品に反映する開発体制を整えている。様々なニーズをすくいあげて、「SWシステム」はさらに進化していきそうだ。

豊富な収納、
出入りの仕方のバリエーション

生活シーンに応じて室内空間を賢く使う移動間仕切りの活用方法を提示する。「コーナー納まり」は引戸をL字に突き合わせることで、大部屋に個室を創出できるプラン。「平行収納」は収納側の一番端のパネルが開閉可能な引戸になるプラン。パネルは平行に重ねて収納する。「回転収納」は収納側の一番端のパネルが開き戸になるプラン。パネルは90°方向転換させて重ねて収納する。パネルをコンパクトに収納でき、全開時にも室内空間の邪魔にならない。出入りの仕方も、収納側の一番端のパネルのみの開閉だけではない。間仕切りパネルの1枚をフリーオープンにすることで、出入口を増やすことができる「フリーオープンパネル」もラインアップ。収納するパネルを3枚、4枚、5枚と増やしていくことで、より広い空間にも対応できる。

「平行収納プラン」のイメージ。来客時などに、パネルで間仕切り、プライベート空間を隠すことができる

「回転収納プランA」のイメージ。パネルの収納スペースを工夫することで、全開時にも室内空間の邪魔にならない。出入口を複数設けるプランニングも可能だ

ガラスパネルで高級感を演出
ハイエンドの移動間仕切り

アルミフレームにガラスを組み合わせ、高級感を演出したハイエンドの移動間仕切り「liberte」もラインアップする。リビングの一角に書斎や趣味の空間を創出するのに最適。パネルを半透明にすれば、空間を遮断することなくプライベートスペースを創出できる。パネルを収納すれば、家族で優雅な時間を共有できる。

耐荷重性能、
操作性を大幅に向上

レールや、引戸を吊る「吊り車」の形状を見直すことで、パネル1枚当たりの耐荷重性能を向上、40kg以下のパネルを吊ることが可能。天井まで届く高さのより大きな引戸にも対応できる。よりスムーズで安定感のある操作性も実現した。引戸パネルを開閉方向に動かす際に4つの車輪が回るため走行が安定する。パネルを吊ったまま、上下の高さと吊り車間のピッチを調整できる。パネルの裏面から金具が見えるが、取付け位置の自由度が高い「裏面付」と、パネル両面から金具が見えないが、木口にしか設置できない「木口付」の2種類の「吊り車」を用意する。

移動間仕切り金具「SW-900(自在タイプ)」の吊り車(写真右)。従来品(写真左)から形状を見直すことで、荷重性能、操作性を大幅に向上させた

アルミフレームにガラスを組み合わせたハイエンドの移動間仕切り「liberte」。リビングの一角に書斎や趣味の空間を創出できる

無垢材の心地良さを見える化
5つの評価軸で感性価値を表現

ピノアース足感フロア

プレミアムポイント → 先進性 / 独自性 / 社会性 / 性能品質 / コスパ / デザイン / 施工性 / 将来性 / 使い勝手 / 生産性

株式会社ウッドワン

☎0120-813-331
https://www.woodone.co.jp/

感性評価実験を通じて床材の心地よさを見える化した床材が「ピノアース足感フロア」だ。

表面加工形状が異なる6つのデザインから受ける人の感性評価実験を実施し、レーダーチャート（足感チャート）にして木の味わいや心地よさを可視化するとともに、それぞれの床デザインから受ける感性の特徴に基づいたおすすめの住環境を提案している。

無垢の床材の特徴として肌触りの心地よさがあげられるが、その魅力は「なんとなく」で語られてきたといっていい。その感性的な価値を可視化することで、居住者の好みだけでなく、ダイニングや寝室、書斎など使用する場所に応じてデザインを選択できるようになった。

「ピノアースシリーズ」は、同社がニュージーランドにおいて再造林率100％で計画的に植林・育林したラジアータパイン「ニュージーパイン®」を使用しており、持続可能な社会の実現にも貢献する。

ほかにオーク材の「コンビットモノ挽板3.0足感フロア」も展開している。

記者の目

内装材は好みや嗜好で選ばれることが多く、商品の魅力を伝えるのにどうしても抽象的な言葉とならざるを得ない。床材においては色やデザインはカテゴライズしやすいが、触れた時の心地よさを具体的に伝えることは難しい。特に無垢の床材については、「無垢」のイメージにとどまり、その価値がどのようなものなのか表現できていなかったのが現実だ。

この感性的な価値を見える化したのが「ピノアース足感フロア」だ。性能や価格といった数値化できる価値に加え、感性価値をも可視化したのである。使用する空間と、その空間でどのように暮らすのかをイメージして床材を選ぶことができる。床材のプロモーションに大きな一石を投じた商品と言えよう。

 広島大などとの共同研究で感性価値を見える化

広島大学特任教授の農澤隆秀氏、広島大学教授／マテリアルデザイン研究協力会理事の栗田雄一氏、一般社団法人感性実装センター上席研究員の小澤真紀子氏との共同研究を通して、床材から受ける人の感性評価実験を実施。これまで「何となく」で語られてきた無垢床材の価値について歩行時や着座時に受けた感覚を調査し、レーダーチャートで表した。

感性評価実験を通じて床材の心地よさを見える化。写真は柔らかさを感じさせるなだらかな曲線が快適な踏みごこちを演出する「ウェーブ」

6デザインの心地良さを5つの言葉で表現

うづくり、タテスジ、オビノコ、ウェーブ、ハンドスクレイプ、スプーンという表面の加工形状が異なる6デザインそれぞれの感性価値について「足感チャート（レーダーチャート）」で示した。足感チャートは、「ぴたっと」、「くっきり」、「シャキッと」、「ほっこり」、「まろやか」という評価軸によって各床材の感性的な特徴を現している。足感チャートは、人の感性に寄り添った「新しいものさし」といえる。

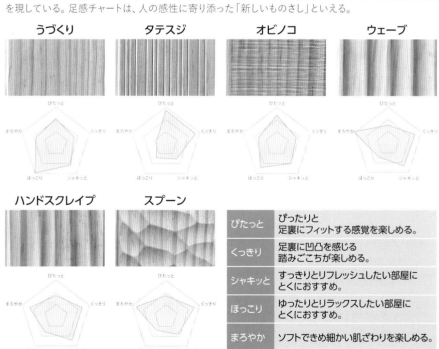

ぴたっと	ぴったりと足裏にフィットする感覚を楽しめる。
くっきり	足裏に凹凸を感じる踏みごこちが楽しめる。
シャキッと	すっきりとリフレッシュしたい部屋にとくにおすすめ。
ほっこり	ゆったりとリラックスしたい部屋にとくにおすすめ。
まろやか	ソフトできめ細かい肌ざわりを楽しめる。

全28色をラインアップした内装製品の新ブランド
豊富な色柄でマルチカラースタイルに対応

デコルシェ

プレミアム
ポイント　先進性　独自性　社会性　性能品質　コスパ　デザイン　施工性　将来性　使い勝手　生産性

永大産業株式会社

☎0120-685-110
https://www.eidai.com/

「デコルシェ」は、内装ドア、クローゼット、シューズボックスで構成する内装製品の新ブランドだ。ブランドコンセプトは、「たくさんのものから好きなカラーを選んで装飾する」。ビビッドカラーからグレージュ色までカラートレンドにリンクした単色の全28色の豊富なラインアップを取り揃えており、最新の流行色をいち早くインテリアコーディネートに取り入れることができる。下地材にインクジェット印刷で加色し、独自の仕上げ技術を駆使した3層構造とすることで表面を滑らかに仕上げ、マット塗装のような風合いを実現した。

28色のうち、8色はシンプルな単色表現が特徴の室内階段「ユニカラーセレクション」に対応しており、統一コーディネートが可能だ。また、内装建具やフローリングに展開している木目製品ブランド「スキスム」シリーズとも合わせることができ、鮮やかな単色が木目空間の差し色デザインになるとして好評を得ている。顧客が好きなカラーを選択し、自在に組み合わせることで自分好みのインテリア空間が作れることを念頭に置いた。

記者の目

近年、SNSの普及により、海外のインテリアトレンドが日本にも波及しつつある。有彩色によるコーディネートや、複数カラーでインテリア空間を彩るマルチカラースタイルが広がりを見せているのだ。
「デコルシェ」は、国際流行色委員会が毎年公表しているトレンドカラーを永大産業が独自に分析し、住空間にマッチするカラーを厳選した全28色で展開。他メーカーを凌駕する圧倒的なカラーラインアップが特徴だ。取り扱い色は毎年のカラートレンドに合わせて随時改廃していくため、顧客は最新のトレンドに合わせた色柄で自分だけの空間づくりができる。今までになかった色の組み合わせを住空間に取り入れることができる先進的な商品として注目されていきそうだ。

単色の全28色の圧倒的なカラーラインアップ
カラーは毎年刷新

「デコルシェ」は、ビビッドカラーから定番のグレージュ系まで、全28色という圧倒的なカラーラインアップを揃えている。国際流行色委員会が毎年公表しているカラートレンドを同社が分析、その中からインテリア空間にマッチするカラーを厳選した。このカラーラインアップは毎年のカラートレンドに合わせて随時改廃していくことで、最新のトレンド色をタイムリーに網羅する。また、インクジェット印刷による加色と独自の仕上げ技術を組み合わせることで、マット塗装のような風合いを表現し、高級感を演出した。

A01	A05	A09	A13	A17	MSC	BLG
A02	A06	A10	A14	A18	DSB	MCB
A03	A07	A11	A15	A19	SKR	VAL
A04	A08	A12	A16	A20	MST	SMG

 ## 複数部材でトータルコーディネート
自分らしい空間づくりをサポート

室内ドア、クローゼット、シューズボックスの3アイテムで構成しており、3アイテム×28色の豊富な組み合わせによって顧客の個性を的確に反映することが可能だ。さらに、28色中8色は単色表現が特徴の室内階段「ユニカラーセレクション」で展開している色柄と同色となっており、階段まで含めたトータルコーディネートにも対応、自分らしい空間づくりをサポートする。住宅コーディネーターやデザイナーからは「手掛ける住宅の提案手法や間口が広がった」といった反響が寄せられている。

28色の豊富な組み合わせが、
自分らしい空間づくりをサポート

 ## 木目空間の差し色デザインにも
これまでにない住空間を実現

内装建具やフローリングに展開している木目の内装製品ブランド「スキスム」シリーズとの組み合わせも好評を得ている。これまで日本の住宅にあまり取り入れられてこなかった鮮やかな単色が木目空間の差し色となり、独特の存在感を発揮する。

素材そのものの質感を生かした内外装建材
廃棄物をアップサイクルし新たな価値

SOLIDO
（ソリド）

プレミアムポイント｜先進性｜独自性｜社会性｜性能品質｜コスパ｜デザイン｜施工性｜将来性｜使い勝手｜生産性

ケイミュー株式会社

☎0570-005-611
https://www.kmew.co.jp

ケイミューは2017年から、素材そのものの質感を生かした建材シリーズとして「SOLIDO」を立ち上げ展開する。工業製品でありながら、硬化の際にセメントから湧き出す白華（エフロレッセンス）をあえて抑えないことで、自然な風合いに仕上げている。同じものは一つとしてない製品だ。白華を帯びたセメント素材は、光や影、緑と心地良く調和。経年で雨や日差しなどの影響を受けると、その風合いはゆるやかに移り変わる。芯まで同じ材料のため、切断面からも素材そのままの表情を楽しむことができる。

屋内壁にとどまらず、屋内床、屋外壁まで、ラインアップを拡充。国内のグッドデザイン・ベスト100をはじめ、JDC PRODUCT OF THE YEAR、海外のiF DESIGN AWARDなど華々しい受賞歴も持つ。販売数量は右肩上がりで伸長しており、最近では施設や店舗などの非住宅分野での採用も増えてきている。非住宅での採用件数はSOLIDO全体の3割を占めるほどになっている。

同社が毎年実施している建築デザインアワード「ARCHITECTURAL DESIGN AWARD」においても多くの受賞作品に使用されるなど、同社を代表する商品に育っている。

記者の目

建築外観やインテリア演出にこだわりを持つ建築家などから、「素材そのものを生かした建材」が欲しいという声がよく聞かれるようになっている。気鋭の建築家たちとの交流を通じてケイミューに投げかけられた「外国と比べて、日本の住宅地の街並みは誇れるものか」、「フェイクではない本物の建築素材を創ってほしい」といった厳しい意見がSOLIDOシリーズ誕生のきっかけとなった。多くの人のニーズを捉え大ヒット商品となり、「素材そのものの質感を生かした建材」という新しい潮流を生み出している。

白華をあえて抑えず自然な風合いに

セメントらしさを感じるために、着色塗装しない"solid"(ソリッド)な素材を目指した。セメント製品では、高温蒸気でセメントを硬化させる養生の工程でカルシウム成分が表面に析出する白華(エフロレッセンス)が現れる。表面に白い模様や塊ができるタブーとされる現象だが、これはセメント素材にしか表現できない味であり、solidな素材を表現するためにも、あるがままに受け入れることを決断した。

用途も表情も様々なラインアップが充実

ユーザーの声に応えて、屋内壁にとどまらず、屋内床、屋外壁までラインアップを拡充。内外装建材のSOLIDO typeMには、黒皮鉄と同じ酸化鉄由来の顔料を芯材まで練りこんだ「鉄黒」と、セメント素地の色をそのまま生かした「セメント」に加えて、酸化鉄と、電気炉や火力発電所から発生する石炭灰など、

素材の色を生かした「灰」、鉄のさびの色をそのまま生かし、落ち着いた茶の色を表現した「錆茶」を設定する。さらに、表面加工を施した「研磨」も追加。表面を削り出すことで、内部に含まれる石やリサイクル材など、これまで見えていなかった骨材が現れ、新しい表情が生まれる。SOLIDO typeFシリーズは、当初内装材のみだったが、2022年7月に外壁材「SOLIDO typeF facade」を追加した。材料を吟味し、高温高圧の蒸気を加え養生することで、雨風に耐える外壁材に仕上げた。

内外装材の「SOLIDO typeM_LAP」

外壁材の「SOLIDO typeF facade」

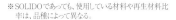 多岐にわたる再生材料を原料に 身近なコーヒーの豆かすも再利用

近年SDGsやESGの観点から、廃棄されるはずのモノに新たな価値を付与して生まれ変わらせる「アップサイクル建材」に注目が集まっている。SOLIDOでは、多岐にわたる再生材料を原料の一部として使用している。例えば「SOLIDO typeF coffee -リサイクル内装ボード-」の原材料に占める再生材料の

比率は約60%で、石灰石以外は、ほぼ廃棄物を原料として製造されるセメントも含めるとその比率は90%以上となる。再利用するコーヒー豆かすは、提携する大手コーヒーチェーンから仕入れている。そのコーヒーチェーンでは、1日に25tほどの豆かすが発生しており、一部は肥料などとして活用しているが、それだけでは使いきれないという実態があった。コーヒーは最も身近な飲料のひとつであり、その豆かすを使うことで顧客にアップサイクルを分かりやすく訴求する。

「SOLIDO typeF coffee-リサイクル内装ボード-」は、身近な食材の象徴として使用済みコーヒー豆かすを混ぜ込んだ

※SOLIDOであっても、使用している材料や再生材料比率は、品種によって異なる。

イ草に近い質感を機械すき和紙で実現
豊富な織柄・カラーでさまざまな空間を彩る

ダイケン健やかおもて

プレミアム
ポイント　先進性　独自性　社会性　性能品質　コスパ　デザイン　施工性　将来性　使い勝手　生産性

大建工業株式会社

☎0120-787-505
https://www.daiken.jp/

イ草の畳に近い質感を再現しつつ、「機械すき和紙」を使用したメンテナンス性に優れる畳おもてが「ダイケン健やかおもて」だ。

国産イ草の畳おもての供給量が減少するなか、工業的に安定したイ草が持つ独特の形状を基に生み出されるクッション性、吸放湿性などを再現するために研究を重ねた。

「機械すき和紙」をこより状に加工し、樹脂でコーディングする設備を独自開発し、1996年に耐摩耗性、耐水性、耐汚染性などの性能を兼ね備える製品を開発した。イ草の畳に近い手触り、質感を再現するとともに、豊富な織柄と多彩なカラーバリエーションを揃え、和室に限らずさまざまな空間に採用できる。

また、(一社)繊維評価技術協議会の「抗菌防臭加工」SEKマーク認証(S:清潔、E:衛生、K:快適)を取得しており、イ草の畳と比較してカビやそれを餌とするダニなど害虫の繁殖を抑制できることから、長期間安心して使用することができる。

記者の目

日本の住宅から和室が減少しているが、代わってリビングの一角などに畳コーナーを設けることが珍しくなくなっている。日本独特の生活様式である「床座」スタイルが再評価され、新たな形として住まいのなかで引き継がれていると言っていいだろう。温かみやクッション性などその魅力が年代を問わず受け入れられている。ただ、イ草の手入れが面倒と敬遠する人も少なくないのも事実だ。

「ダイケン健やかおもて」は、手入れのしやすさと豊富な色柄が大きな特徴。ゆったりと横になったり、落ち着いて座れる「床座」スタイルが人気となったりするなか、和室だけにとどまらない「畳使い」ができる同商品は新たな定番となりつつある。

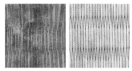

従来のイ草（画像左）はカビやダニの温床になりやすかったが、「ダイケン健やかおもて」（画像右）はそれらを抑制する

「機械すき和紙」をこより状に加工し、樹脂コーティングを施すことで耐久性などを向上させた

ココが スゴイ ▶ 現代の暮らしに求められる 健康・快適、耐久性などを兼ね備える

表面に樹脂コーディングを施し、こより状に加工した「機械すき和紙」をつむぎ製造する「ダイケン健やかおもて」は、現代の暮らしに求められるさまざまな機能を備える。耐摩耗性はイ草の畳おもての約3倍。また、イ草と比較してカビ・ダニの増殖を抑え長く清潔に使用できる。さらに撥水性にも優れ水分や汚れの染み込みを防止し、お手入れはサッと拭くだけの簡単なもの。加えて日焼けにも強く経年による変色を抑制する。

ココが スゴイ ▶ 多彩な色柄が 空間を問わず調和する

大きな特徴の一つが多彩なデザインとカラーバリエーションだ。高級感あふれるものから汎用性に長けたものまで豊富な色柄を揃える。例えば、3色の緯糸（よこいと）で編んだ自然感あふれる「穂波」、緻密でシンプルな美しい織り目が魅力の「清流」、ツートンカラーの濃色が個性を際立たせる「清流ストライプ」、洋間にも調和するラグのようなモダンな印象の「小波」などをラインアップ。多彩な色柄から選択できることから、和から洋、モダンまで空間を選ばず、さまざまな表情を楽しむことができる。

豊富な色柄を取り揃えたことで、モダンな空間にも調和する

ココが スゴイ ▶ 簡単施工で気軽に"和座"空間を実現

「ダイケン健やかおもて」を使用する製品も充実する。例えば、フローリングと同様の12mm厚のインテリア畳「ここち和座 敷き込みタイプ」は、フローリングの床下地を下げる必要がなく、手間なく簡単な施工がポイント。また、フローリングの上にそのまま置くことができる「ここち和座 置敷きタイプ」はラグを置くような気軽さで使用することができる。一般的に畳の施工は施工業者が現場ごとに寸法を測定し、畳おもてと畳床を組み合わせ加工したものを現場に納めるが、手軽に扱えるのがこれら製品の特長だ。

ヘリのない正方形の和紙畳を織柄の向きを変えて並べることで市松模様を再現した畳空間も演出可能

3色の緯糸（よこいと）で編んだ自然感ある「穂波」を使用した施工事例

クロスに直貼りできる天然石の壁紙
何度でも貼り直し可能で賃貸にも最適
SSVMクロス

プレミアム ポイント／先進性／独自性／社会性／性能品質／コスパ／デザイン／施工性／将来性／使い勝手／生産性

蝶理GLEX株式会社
☎03-5715-4350
https://c-glex.co.jp/

コロナ禍をきっかけに住空間を見直す動きが加速し、DIYによって自分らしい空間づくりに取り組む人が増えた。

「SSVMクロス」は、こうしたDIY需要に対応した本物の天然石を使った内装壁紙だ。ドイツで開発された天然石を薄く剥がす技法を採用しており、土台の上に厚みが異なる天然石をランダムに配置することで自然な凹凸感を表現した。本物の天然石ならではの質感がホテルライクの上質な空間を演出する。

最大の特徴は、施工性の高さだ。ホチキスと面ファスナーを使って既存の壁紙の上から簡単に施工でき、何度でも貼り直しが可能。そのため、貼り損じが生じないほか、原状復帰ができることから、賃貸住宅でも気軽に使用することができる。一般的な壁紙と異なり剥がした後も再度使用することができ、使い捨てる必要もない。また、重量も軽く、万能バサミで簡単にカットできるため、DIYに慣れていない人でも取り扱いやすい。

記者の目

蝶理GLEXは、これまで内装下地にシールで貼る「SSVMシール」や、磁石でマグネットウォールに直接、何度も貼り直せる「SSVMプラス」を発売してきた。ただ、「SSVMシール」は壁紙の状態によっては剥がして施工する必要があるほか、「SSVMプラス」もマグネットウォールは一般家庭にあまり普及していないことから取り入れにくさもあった。「SSVMクロス」は、「SSVMシール」に面ファスナーを付与。既存の壁紙への直貼りと貼り直しが可能なため、DIYでの使い勝手が格段に向上した。

壁は、部屋の中でも広い面積を占めるだけに、その印象を決定づけることもある。最近では、SNSで施工事例を見たという顧客から問い合わせが増えているといい、手軽に高級感のある空間が実現できる商品として今後もさらに注目を集めそうだ。

既存の壁紙に直貼り
施工も簡単で何度でも貼り直し可能

「SSVMクロス」の施工は非常にシンプルだ。製品本体の裏面上下部分にループタイプの面ファスナーが取り付けられており、この幅に合わせて同梱されているフックタイプの面ファスナーを既存の壁紙の上からホチキスで壁留めする。あとは面ファスナー同士を合わせるだけで簡単に貼り付けることが可能だ。何度でも貼り直せるため、施工時のズレなどによって貼り損じが生じない。また、一度剥がしても面ファスナーさえあれば再度利用できるため、一般的な壁紙のように使い捨てにならない。なお、ホチキス留めで開く穴は約0.5mmとごく小さいことから原状復帰が可能であり、賃貸住宅での使用にも最適だ。

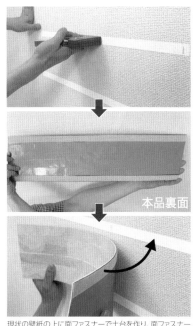
本品裏面

 使用箇所に合わせて加工可能
軽量で扱いやすさも抜群

一般的な万能バサミで簡単に切断でき、使用箇所に応じたサイズ調整が可能だ。円形などに切り抜くこともでき、リビングや玄関回り、トイレなど様々な場所で自由自在に使用できる。また、本物の天然石を使用しつつも重さはシート1枚あたり約230gと非常に軽量で、DIY初心者でも取り扱いやすい。重みで壁から剥がれてくる心配もない。

現状の壁紙の上に面ファスナーで土台を作り、面ファスナー同士を合わせ貼り付ける

ハサミで切ってサイズ調整が可能。一枚約230gという軽さ

 天然石特有の質感が高級感を演出
全14柄の豊富なバリエーションを用意

「SSVMクロス」は、ドイツで開発された天然石を薄く剥がす技法を用い、職人が1枚ずつハンドメイドで作成している。そのため、同じデザインは一つとして存在しない。本物の天然石特有の重厚感ある質感が、ホテルライクで高級感のある空間を演出する。また、製造段階で土台の上に石を敷き詰める際も、2〜6mmの厚みが異なる石をランダムに配置することで、自然な凹凸感を表現している。「ソウルタン」や「カラーラ」といった全14柄の豊富なバリエーションを用意しており、顧客の好みに合わせた空間づくりが可能だ。

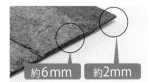
約6mm　約2mm

本物の天然石を使用。天然石の立体感や質感を楽しむことができる

時が経つごとに味わいを増す高級ペイント
質感と色を掛け合わせ一期一会の空間に

PORTER'S PAINTS

プレミアムポイント ▶ 先進性 独自性 社会性 性能品質 コスパ デザイン 施工性 将来性 使い勝手 生産性

株式会社NENGO

☎044-829-3383
https://nengo.jp

「PORTER'S PAINTS」は、オーストラリアで高い認知度を誇る高級ペイントだ。100年後の街つくりをミッションに、断熱工事やリノベーション、不動産事業などを手掛けるNENGO(川崎市高津区)は2001年10月からPORTER'S PAINTSの日本総代理店となり輸入・販売している。3つのブランドポリシー「世界一の色」「本物の質感」「ヒューマンメイド」を持ち、家に愛着を持てる豊かな表情のある空間を提供する。

PORTER'S PAINTSは、全体調和をする発色にこだわり、世界一豊富な16色の顔料を使用する。特に6種類の茶系顔料を用いることで、色に自然なくすみを与え、木、石、レンガ、ファブリック、植物など自然素材に高い親和性を発揮する。多くのペイントが、赤・青・黄・黒・白の5色の顔料のみから作られているのに対し、PORTER'S PAINTSは、例えば水色にも茶系統を加える。料理に加える隠し味のように色に深みを加え、空間に調和を生む。時が経つごとに味わいを増す、一期一会の空間に仕上げることができる。

日本では、戸建住宅、集合住宅を問わず、内装の仕上げのうち9割以上が塩化ビニール樹脂系の壁紙が占めている。壁紙一辺倒の内装市場に対して、NENGOは、「建物を大切にしてもらうには、家の内側から愛着を持ってもらう必要がある」と考え、「PORTER'S PAINTS」で「塗料で仕上げる」という新しい価値を提案する。ストック時

記者の目

代に入り住宅を長く大切に使い続けることが当たり前に求められる中で、DIYで家の一部をつくりたい、メンテナンスしたいと考える人は増えていくだろう。その際、自分たちで塗料を塗ることで、住まいに愛着を持つきっかけになる。PORTER'S PAINTSは、そんなDIY志向の住まい手たちから高い支持を得ており、さらに注目度を増していきそうだ。

茶系顔料を使用し色に自然なくすみ 空間に調和、色見本は344色

PORTER'S PAINTS の歴史は画家であった創設者のピーター・ルイス氏が建築家の祖父の日記で古い絵具のレシピを発見し、天然顔料が混ざったベーシックな石灰ベースのペイント「ライムウォッシュ」を始めた1982年に遡る。祖父であるフレッド・ポーター氏は建築家であり、彼がヨーロッパ旅行中に建築技術と塗装仕上げを調べて日記に書き留めていた。彼の死後、ピーター氏がその日記を発見し、建築の修復技術(質感)と絵画の知識(色)を掛け合わせつくりあげた。世界一豊富な16色の顔料を使用、特に6種類の茶系顔料を用いることで、色に自然なくすみを与え、空間に調和を生み出す。NENGOでは色見本として344色を

用意。本物にこだわり、色見本帳も印刷ではなく、本物の塗料を用いている。また、カスタムカラーのすぐに使えるレシピとして約1000色を用意している。

ヒューマンメイドにこだわり、豚の毛でつくられた専用の刷毛で塗り、あえて不均一に仕上げることを標準としている

アトリエでの調色風景

川崎市高津区の同社事務所には、PORTER'S PAINTSのショールームを開設。サンプルボードなども用意している

色だけでは表現できない 本物の表情を演出

塗料の中に、本物の自然素材を混ぜ込むことで、テクスチャーによって生まれる"反射した光の表情や陰影"まで表現する。例えば、石英や大理石は、手触りのある仕上りによって光の当たり方で濃い陰翳を生み、雲母は、細かな粒子がきらきらと光を乱反射させる。石灰は時間と共に塗装面の表情を変化させ、鉄や銅は、本物の錆を表現することができる。NENGOでは、ヒューマンメイドにこだわり、注文を受けてから製造し、一色一色を人の目で確認し、出荷している。また、全国37カ所に、専用の講習を受けた代理店があり、責任施工で塗装を請負う。

用途によって様々なテクスチャーを用意している。画像は、最も人気の高い「stone paint coarse」。目の粗い石英が含まれ、光によって柔らかな陰影を生み出す。壁(屋外)、天井・壁(屋内)に使用できる

ワークショップを用意し DIYにも対応

自宅をPORTER'S PAINTSで仕上げたユーザーがSNSにアップし、それを見た消費者から指名されることも増えている。販売代理店のプロのペインターによる責任施工での塗装が基本だが、DIYの要望にも対応している。川崎市高津区の同社事務所などで、エンドユーザー向けに、PORTER'S PAINTSの塗り方などのワークショップを開催しており、その受講者には販売している。また、PORTER'S PAINTSを内装仕上げの標準スペックに加えるハウスメーカーも増えている。中には、新築住宅の引渡し前に、住まいに愛着を持ってもらうきっかけとして、家族全員が参加しセルフペイントしてもらう取り組みを行うハウスメーカーもあるという。

ワークショップを開催しDIYの要望にも対応する

木の塗り壁Mokkun

「もったいない」の発想から生まれた木の塗り壁
快適な環境を作り出しストレス軽減、快眠健康効果も

内装材

プレミアム
ポイント｜先進性｜独自性｜社会性｜性能品質｜コスパ｜デザイン｜施工性｜将来性｜使い勝手｜生産性

ヤマガタヤ産業株式会社
☎058-271-3111
https://ymg-s.co.jp/

「木の塗り壁Mokkun」は、森林浴を家の中やオフィスの中で体験できるように開発された100％自然素材の木の塗り壁だ。Mokkunを開発したヤマガタヤ産業は、高級建築用材として知られる東濃桧（とうのうひのき）の産地、岐阜県に本社を置く老舗材木屋。プレカットの製材工程で発生する東濃桧の端材、未利用資源をなんとか有効利用できないかという「もったいない」の発想からMokkunの開発が始まった。材料はすべて自然素材にこだわり、木材を50％以上配合しながらも、試行錯誤の末、不燃材の認定を取得している。

Mokkunを内装に使うことで、木の力で調湿、抗菌、消臭、虫よけなどの効果を発揮する。岐阜大学をはじめ、いくつかの研究機関との共同研究により、健康面においてもプラスの効果があることも分かり始めている。

記者の目

脱炭素社会の実現、SDGsといった観点から、循環型資源である木材を積極的に建築物に使っていこうとする機運が高まっている。構造材だけでなく、内装も木質化して、より多くの木材を使う事例も増えている。とはいえ、羽目板などで壁も木質化すると、圧迫感を感じるという人は少なくない。その点、ヤマガタヤ産業のMokkunは、木材を50％以上配合しながら、見た目は木ではない塗り壁であるため、圧迫感のある空間になることを避けながら木材を積極的に活用することができる。健康面でのプラスの効果も見逃せない。岐阜大学 応用生物科学部学部長 光永徹教授などとの共同研究により、「抗ストレス」、「抗不安」、「アルツハイマー型認知症改善」、「作業効率向上」、「睡眠の質改善」などの効果を発揮することが分かり始めている。「エコ」と「健康」、2つの時代のニーズを満たす木の塗り壁であり、今後さらに認知度、人気は高まっていきそうだ。

化学成分を含まない100%自然素材

材料は全て、木材はじめ、火山灰、珪砂、でんぷん糊など、自然素材にこだわった。赤ちゃんやアレルギーなどを持つ人も安心して使用することができる。主原料として使用する木材は、ヒノキ、スギ。木粉の目が粗く、触った

コテ塗りで様々な模様を演出できる

時に木質感をより一層感じることができるチップタイプ、木粉の目がとても細かく、さらさらとした手触りが特徴のパウダータイプの2つのタイプ、また、MUKU（無垢）、SHIRO（白）の2つのカラーを用意している。コテ塗りで、フラットな塗り方から、オリジナルな模様をつける塗り方まで、好みに合わせてアレンジが可能。

1袋あたり約3㎡施工可能
（1.5㎜厚で施工の場合）

戸建住宅のリビングにMokkunを施工した事例。焼き肉をした次の日にも匂いが残らないと好評を得ている

木を50%配合しながら不燃材料認定を取得

自然素材100%のうち、木材を50%以上配合していながら、石こうボード、下塗り材などとの組み合わせで不燃材料の認定を取得（認定番号：NM-4266）。公共施設など、不特定多数の人が集まる空間などにも使用することができる。

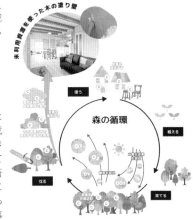

未利用資源を使った木の塗り壁

森の循環

使う
植える
伐る
育てる

これまで捨てられていた木の端材、未利用資源を有効活用する。真の意味で、サステナブルな森林資源の循環利用を実現する

捨てられていた端材を有効活用

プレカットや製材工場で発生する端材を有効活用しているという点も特筆すべき点だ。木の循環利用が叫ばれ、木を伐る、使う、植える、育てる、というサイクルを回そうとする動きは徐々に全国に広がりつつあるが、現状では、端材については、山で放置される、バイオマスの燃料として使われる、家畜の寝床に敷かれる、といった使われ方がほとんどである。こうした未利用資源を有効活用できないかという発想からMokkunの開発がスタートした。全国各地の木材産地の事業者などと連携して、各地の木材の端材を有効活用し地産地消型Mokkunを広げようとする取り組みも行っている。

木の力で調湿、消臭、抗菌などの効果を発揮 大学との共同研究で快眠効果なども明らかに

一般的に木を内装に使うことで、木材の湿気を吸収・放出する働きによる調湿効果のほか、消臭や抗菌、ダニや虫などの防除の効果もあると言われている。健康面においても、木の香りにより免疫力アップやリフレッシュ作用など、プラスの効果が期待できる。Mokkunも木の力で調湿、抗菌、消臭、虫よけなどの効果を発揮する。同じ面積、空間で比較して、木の羽目板を壁に貼り内装化するよりも、Mokkunにより内装化した方が、木を粉砕することにより成分が放出されやすくなるため、より木の香りを感じることができ、調湿などの効果も明らかに高まるという。

また木の香りにより、健康面でもプラスの効果があることが、岐阜大学 応用生物科学部学部長 光永徹教授などとの共同研究（https://mokkun.jp/data/）で分かり始めている。リラックス効果に優れた快適な環境をつくり出し、ストレス軽減や睡眠の質改善などの効果が期待できる。

空気を洗う壁紙®

悪臭の原因物質を繰り返し分解・消臭
高い機能とデザイン性を持つ壁紙

プレミアムポイント 先進性 独自性 社会性 性能品質 コスパ デザイン 施工性 将来性 使い勝手 生産性

ルノン株式会社

☎03-3492-7341
https://ssl.runon.co.jp

「空気を洗う壁紙」は、消臭剤「トリプルフレッシュ」を表面層にコーティングした壁紙。悪臭を吸着・吸収し、臭いの原因物質を触媒作用によって水と二酸化炭素に分解して放出する、このサイクルを繰り返す消臭機能が大きな特徴だ。

トイレの臭いの原因となる硫化水素やアンモニア、たばこの臭いのもとのニコチン、また、シックハウス対策の規制対象物質であるホルムアルデヒドなど8つの物質に対して繰り返し効果を発揮する。

消臭機能とともにデザイン性の高さも大きなポイント。「抗菌・撥水コート・表面強化」タイプは、軽微な水性汚れなら素早く拭き取ることができる優れたメンテナンス性を持っているが、トレンドにあわせたデザインリニューアルを行っている。また、日本ならではの四季の色を取り込むなど、日本人の琴線に触れるデザインを追求したシリーズ「CRAFTLINE」はバリエーションを拡大。高級感のある織物調の新柄を投入し抗菌性の機能もプラスし、より美しくハイスペックなシリーズにパワーアップした。

記者の目

壁紙などの内装材に、意匠性・デザイン性はもとよりさまざまな機能が求められる時代を迎えている。「空気を洗う壁紙」は悪臭の原因物質の吸着・分解を繰り返すことが大きな特徴だが、清潔で健康的な暮らしの実現の視点から抗菌効果が求められ、掃除のしやすさなどメンテナンス性も重視されるようになっている。

「空気を洗う壁紙」は、幅広い商品ラインアップのなかでこれらさまざまな付加機能を持つ壁紙を取り揃えていることも大きな特徴だ。例えば、優れたストレッチ性で下地の動きやゆがみに追随して壁紙が割れることを防ぐもの、撥水性能の高いもの、さらに抗菌効果をもつものなど、使用する場所や期待する効果で幅広い提案を可能としている。

触媒作用で繰り返し 悪臭の原因を吸着・分解

「空気を洗う壁紙」にコーティングした「トリプルフレッシュ」の触媒作用で、悪臭の原因物質を吸着し、水と二酸化炭素に分解して壁紙から放出する。放出後は元の状態に戻り24時間絶え間なく吸着・分解・再生の「サイクル消臭」を繰り返す。ホルムアルデヒド、ニコチン、酢酸、アセトアルデヒド、硫化水素、アンモニア、トリメチルアミン、メチルメルカプタンの8つの原因物質に対して効果を発揮する。

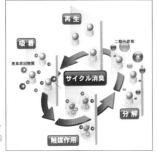

繰り返しの消臭サイクルで快適な室内環境を実現する

抗菌や撥水、表面強化などさまざまな付加価値

消臭以外にもさまざまなプラスαの付加価値を備える。「抗菌・撥水コート・表面強化タイプ」は、壁紙表面に特殊樹脂加工の撥水処理を施すことで滑らかな表面が水分をはじき、汚れの浸透を軽減する。日常の軽微な水性汚れであれば素早くふき取ることで落とすことができる。耐久性にも優れており、一般のビニル壁紙に比べて表面強度が高いため、傷がつきにくく破れにくい。すべての商品で表面強化試験をJISで規定する摩擦試験を実施しており、いずれも4級以上の性能を確保している。

撥水加工品

水分を水玉状にはじく

未加工品

水分が全体に広がる

デザインと機能で CRAFTLINEを更に充実

日建スペースデザインと共同で開発した「CRAFTLINE」は、機能性とデザイン性で癒しの空間を実現する。日本人の琴線に触れるようなシーンや伝統工芸をモチーフとした意匠とカラーシステムは多くの物件で採用され高い評価を受けている。2023年にシリーズの改訂を行い、織物調の新柄には抗菌性も付与し、さらにハイスペックなシリーズへと進化させた。

洗練されたデザインで高い評価を受ける「CRAFTLINE」

シンプルかつフラットな金属製外壁材
屋根との一体デザインも可能　理想のバランスを追求

SP-ガルボウ

プレミアムポイント　先進性　掴目性　社会性　性能品質　コスパ　デザイン　施工性　将来性　使い勝手　生産性

アイジー工業株式会社
☎0237-43-1810
https://www.igkogyo.co.jp/

　屋根と壁で一体感を演出した外壁デザインを採用したい―。こうしたニーズに対応するために、アイジー工業が開発した金属製外壁材が、SP-ガルボウだ。

　屋根と壁の一体感を出す場合、縦葺きの金属製屋根材を外壁材に使用することが多い。しかし、金属製屋根材を外壁に使用すると、薄い鋼板特有の波打ち感や歪みが出やすいといった問題があった。SP-ガルボウでは、こうした問題を解消するため断熱材を裏打ちすることでベコつ

きや凹みの発生を防止し、洗練されたフラットなデザインを実現している。また「超高耐久ガルバ」を初めてサイディングに採用。切断端部やキズ部で高い腐食抑制効果を発揮し、赤さび15年、穴あき25年の保証を可能にした。様々な仕様で準防火構造・防火構造認定も取得。加えて、あらかじめ施工に必要な付属品を用意することで、現場に合わせた付属品の加工工程が少なくなるため、施工コストを大幅に削減できる。

記者の目

　金属製外装材のトップメーカー、アイジー工業は、意匠性の向上に注力し、分析シミュレーションソフトなどの先端技術を積極的に導入し、開発時間の短縮化も進める。SP-ガルボウは、よりシンプルなデザインのニーズが高まるなかで、建物の外装全体を統一的にデザインしたいという要求にいち早く応えた金属製外壁材だ。目地幅、働き幅、縦リブの高さに至るまでに何度も検証を重ね、より

シンプルかつフラットなデザインを追求した。2022年度のグッドデザイン賞を受賞している。また、超高耐久ガルバによって実現した優れた耐久性、さらには施工性への配慮など、今の住宅建築で求められる要求を高いレベルでクリアしている。東北のエジソンと言われた創業者石川堯氏の魂を脈々と受け継いできた開発力・チャレンジ精神が生み出した商品と言えるだろう。

超高耐久ガルバで実現
赤さび15年・穴あき25年保証

超高耐久ガルバは、従来のガルバリウム鋼板（55％アルミニウム‐亜鉛合金めっき鋼板）にマグネシウムを2％添加することにより、めっき層を強化している。腐食が起こりやすい切断端部やキズ部などの腐食抑制効果が大きく、厳しい腐食環境下でも高い耐食性を実現した次世代ガルバリウム鋼板だ。これにより、赤さび15年、穴あき25年の保証を可能にした。

屋根と外壁の一体デザインを可能にするSP-ガルボウ

美しいフラットデザインを突き詰めた意匠性

 ## 最大8000mmまでの長さに対応可能
人気の新色ディープグリーンを追加

SP-ガルボウの商品化に当たり同社では、鋼板製の金属屋根を使って外壁を仕上げた場合に発生する波打ち感を解消し、外壁としてフラットデザインが美しく、施工品質の安定する工業製品を目指した。表面材を連続成形し、断熱材を裏打ちするための高度かつ精度の高い生産技術により、鋼板特有の波打ち感や歪みを解消し、屋根板金では実現できないフラットデザインを実現している。さらに、壁と屋根一体デザインとした場合の理想的な目地幅、縦リブの高さを徹底的に検証し商品化。加えて、屋根と調和した色設定とすることで、設計士やユーザーのこだわりあるイメージを具現化できる外壁材に仕上げている。24年3月に、顧客からの要望が多い新色Ｓディープグリーンを追加し全6色となった。長さは標準品が4000mmだが、受注生産で最大8000mmまで対応するため、壁全体で継ぎ目のない外観にすることができる。

 ## 窯業系外壁材比で重量は3分の1以下
施工負荷の軽減にも貢献

様々な仕様で準防火構造・防火構造認定を取得している。鋼板屋根材を外壁に使用しようとすると、防火などの問題から屋外側の石膏ボード下張りが必要となる。SP-ガルボウではその必要がなく、施工性の向上に寄与する。また、あらかじめ施工に必要な付属品を用意しており、現場に合わせた付属品の加工工程が少ない。窯業系サイディングに比べ重量が3分の1以下であることもポイントで、施工者にも優しい外壁材である。

海外特有のデザインと確かな品質を両立
改修用の大判シングル屋根材

OHVAN
（オーヴァン）

プレミアム
ポイント　先進性　独自性　社会性　性能品質　コスパ　デザイン　施工性　将来性　使い勝手　生産性

田島ルーフィング株式会社

☎03-5821-7713
https://tajima.jp

アスファルトシングル材は、主に北米の住宅で広く使用されている屋根材で、石粒の色で様々な色合いを表現できるデザイン性、シート状で扱いやすくカッター切断できる施工性、軽量さなどを強みとしている。

特に、田島ルーフィングの商品はシングル材にプレセメント加工として接着剤をあらかじめ工場で本体に塗布するため、施工者によって品質にバラつきが出ることがなく自然災害にも強いと評判だ。そ

んな同社が、2023年2月に発売したのが、葺き足（屋根材の一枚の長さから、葺き重ねることによって隠された部分を引いた長さ）を既存化粧スレートと同じ182mmとし、かぶせ工法の屋根改修で使用しやすいようにした大型のシングル材「OHVAN」だ。

海外企業に依頼をして、日本の住宅向けに製造した屋根材を輸入、海外独特のデザインを生かしながら、プレセメント加工は自社内で行い品質を確保する。

記者の目

アスファルトシングル材は、下地の影響を受けやすく、下地と異なる葺き足で改修施工をすると見た目が悪くなってしまうため、改修向けではないとされてきた。しかし、同社で根強い人気の新築向けアスファルトシングル材「ロアーニ」を使用する業者からは、改修にも使いたいという希望も多かったという。そこで誕生したのが、「OHVAN」だ。スレート屋根の葺き芦に合わせたことで、綺麗な

仕上がりで改修できるほか、下地と葺き足が異なることで、シングル材が浮いているところに釘が刺さり、漏水するなどのリスクを抑えることもできる。これまで、既存屋根を残した改修方法は、塗装か金属でのかぶせ工法が一般的であったが、アスファルトシングル材「OHVAN」は、この市場に大きなインパクトを与えることになろう。

ココが スゴイ　大判化が可能にした 施工性と仕上がりの良さ

1枚のサイズを大判化したことで、従来のシングル材では1㎡あたり7〜9枚必要だったところを5.5枚で賄えるようになった。これにより施工時間が短縮、通常3〜4日かかる工事が約2日で完了できるようになった。また、葺き足を既存化粧スレートと同じ182mmに合わせたことで、施工後に違和感のない美しい仕上がりを実現する。

Before　After

大判化により、通常3〜4日かかる工事が約2日で完了できるようになった

ココが スゴイ　高い性能品質で 地震や強風にも負けない

シングル材に接着剤（シングルセメント）をあらかじめ塗布しておく「プレセメント加工」を自社工場で行うことにより、海外輸入材を使用するなかでも自然災害への強さを発揮する。接着作業が不十分なために屋根が風で飛ばされるリスクを回避する。釘などの部材も改修用に新しく開発し、下地となるスレート材の硬さにも負けないよう強度の向上などを行っており、施工後の品質を確保する。

改修用に強度を改良した専用の釘を開発した

ココが スゴイ　表情豊かな 屋根デザイン

シングル材ならではの異なるトーンの組み合わせによるカラフルでリズム感のある屋根デザインで、改修市場での差別化を図る。

廃棄品を最高級の「いぶし瓦」へとアップサイクル
耐震などの機能性と美しさを兼ね備えた屋根材

スーパートライ110 スマート
純いぶし（いぶし瓦）

プレミアムポイント　先進性　知目性　社会性　性能品質　コスパ　デザイン　施工性　将来性　使い勝手　生産性

株式会社鶴弥

☎0569-29-4999
https://www.try110.com

　「スーパートライ110 スマート 純いぶし（いぶし瓦）」は、これまで粉砕物（シャモット）として粘土に混ぜ込むことで再利用してきたテスト製品を「いぶし瓦」へとアップサイクルさせた商品だ。

　「いぶし瓦」は、瓦の焼成後に燻す、燻化の工程を加えることで独特の色味を出す粘土瓦であるが、釉薬によって色を付ける陶器瓦を扱う鶴弥は「いぶし瓦」を製造する設備を持っていなかった。一方、同社の主要な生産設備である焼成窯をメンテナンスなどで一時的に止め、再び必要な焼成温度に上げて安定させるためテスト製品を流しているが、このテスト製品は実際の製品とすることはできず、製品ロスとして扱ってきた。このテスト製品を新たな製品としてアップサイクルしたのが「スーパートライ110 スマート 純いぶし」だ。「いぶし瓦」を製造する創嘉瓦工業と協業しテスト製品を同社の設備で焼成（燻化）することで、付加価値を持つ瓦にアップサイクルする。意匠性の高さに加えフラットな形状の「いぶし瓦」は市場で少ないという希少性も兼ね備える。

記者の目

　近年、さまざまな分野で「アップサイクル製品」の開発が進んでいる。新たな価値として市場に認められつつあるといっていい。「スーパートライ110 スマート 純いぶし（いぶし瓦）」を実現したのは、鶴弥と創嘉瓦工業の協業によるもの。両者の強みを生かすことで製品化を実現した。「純いぶし」の価格は鶴弥の一般的な商品に比べ2.5倍程度となる。また、製造工程上、通常よりも納期がかかり受注生産での対応となる。それでも商品化に踏み切ったところが大きなポイントと言える。フラットな「いぶし瓦」が市場に少ないこともあり、工事店などからの反応は上々だという。コストを超えた価値を生み出していく取り組みが環境時代に求められていることも間違いない。

製品ロスを最高級ランクのいぶし瓦へと価値向上

「いぶし瓦」は粘土瓦のなかでも最高級品に位置付けられる。渋い銀色で独特の光沢が美しく、経年でムラが出るという味を持つ。テスト製品は必要な焼成が完了しておらずそのまま製品とはならないが、創嘉瓦工業の設備で追加工程を行うことで十分な焼成(燻化)を完了、高級品である「いぶし瓦」へとアップサイクルすることに成功した。鶴弥の商品ラインアップのなかで最高級ランクのものであるとともに、フラット形状の「いぶし瓦」は市場で少なく希少性も高い。

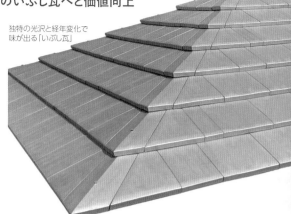
独特の光沢と経年変化で味が出る「いぶし瓦」

 ## 年間54tの製品ロスをアップサイクル建材に

これまでテスト製品は粉砕工程を経て原材料に再利用されてきたが、「スーパートライ110 スマート 純いぶし」の開発で、年間54tの粘土瓦製品ロスをアップサイクル型粘土瓦として販売できると試算する。これはおよそ15棟分に相当する。従来から行っている原材料への再利用とあわせ、鶴弥で発生した粘土瓦製品ロスの再利用割合は100%を超えるという。鶴弥はSDGsの取り組みを進める一つのテーマが「限りある天然資源の有効活用、循環型社会の構築」であり、その実現に向けた取り組みでもある。

年間54tの製品ロスをアップサイクル

三次元振動台試験により震度7クラスの地震でも瓦のズレや破損、脱落がないことを確認

 ## 耐震や耐風などで高い性能を確認

「スーパートライ110 スマート」は、屋根と一体となる直線的なデザインとフラットで洗練された形状が高級感のあるスマートな屋根を演出する。耐風性、耐震性、耐久性、防水性といった性能だけでなく、ロック構造でありながら普通の施工方法と変わりなく施工が可能という施工性もあわせ持つ。寄棟屋根の場合、3段ごとに同じパターンを繰り返す防災工法を採用する。

シーリングレスでメンテナンスの負担を軽減
変色・褪色30年保証の高耐候外装材

Fu-ge（フュージェ）プレミアム

プレミアム
ポイント ➤ 先進性　注目性　社会性　性能品質　コスパ　デザイン　施工性　将来性　使い勝手　生産性

ニチハ株式会社

☎052-220-5125
https://www.nichiha.co.jp/

　窯業系サイディングのトップメーカーであるニチハが、2018年に業界初の変色・褪色30年保証の商品として発売したのが「プレミアムシリーズ」だ。無機塗料と有機塗料をバランスよく配合した超高耐候塗料「プラチナコート30」により初期の美観を長期間維持し、ライフサイクルコストの低減に貢献する。

　この「プレミアムシリーズ」のなかでも、絶大な人気を誇るのが「Fu-ge（フュージェ）プレミアム」。四方合いじゃくりによる

シーリングレスを実現した6尺品で、サイディング同士の継ぎ目が目立たないため、シームレスで一体感のある仕上がりとなる。また、目地切れや汚れなどが発生しがちなシーリング部分を大幅に減らすことで、目地部分のメンテナンスコスト負担軽減にもつながる。

　さらに、「オフセットサイディング」として木材を製材する際に発生する端材などを原材料として活用しており、環境にも優しい商品となっている。

記者の目

　住宅を長く使い続けることが当たり前となるなかで、目にする機会の多い外装についても初期の美しい外観を維持することが求められる。また、住宅を定期的にメンテナンスする意識が海外に比べて高くないと言われる日本では、いかにメンテナンスの手間なく使い続けられるかが重要となってくる。そうした課題に応える外壁材が、「Fu-geプレミアム」であるといえる。ニチハは、23年11月に

行なわれた「サマーキャンペーン報告会」で、日本窯業外装材協会全体の販売数量に占める同社のシェアが、24年3月期第2四半期で56.7%と、過去最高を更新したことを報告した。同社の売上構成比はプレミアムシリーズをはじめとする厚さ16mm以上の高級品が半数以上を占めており、「Fu-geプレミアム」のような、高品質な外装材の開発が窯業外壁市場において重要となってくるだろう。

ココがスゴイ　無機塗料と有機塗料の配合で実現した 超高耐候性

変色・褪色を抑える超高耐候塗料「プラチナコート30」は、無機塗料と有機塗料をバランスよく配合することで、お互いの長所を生かし経年変化を大きく抑える。耐候性が高く色褪せに強い無機塗料は、硬いためひび割れが起こりやすく、雨水が浸入して紫外線による劣化を進め、塗装面を傷める可能性がある。そこで、有機塗料のしなやかさを生かし、ひび割れにも強い塗料を開発した。一般的な塗装品と比べ、塗り替え時期を大幅に延長できる。

保証期間の30年間以降も変色・褪色で高い性能を発揮する

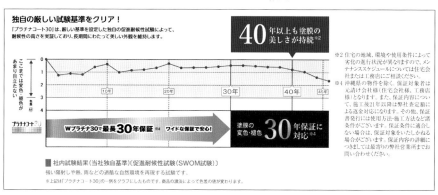

独自の厳しい試験基準をクリア！

「プラチナコート30」は、厳しい基準を設定した独自の促進耐候性試験によって、耐候性の高さを実証しており、長期間にわたって美しい外観を維持します。

40年以上も塗膜の美しさが持続※2

ここまでは変色・褪色があまり目立たない

Wプラチナ30で**最長30年保証**※4　ワイドな保証で安心！

塗膜の変色・褪色 **30年保証**に対応※4

■ 社内試験結果（当社独自基準）（促進耐候性試験（SWOM試験））
強い照射しや熱、雨などの過酷な自然環境を再現する試験です。
※上記は「プラチナコート30」の一例をグラフにしたものです。商品の濃淡によって色変の値が変わります。

※2 住宅の地域、環境や使用条件によって劣化の進行状況が異なりますので、メンテナンススケジュールについては住宅会社または工務店にご相談ください。

※4 沖縄県の物件を除く。保証対象者は元請け会社様（住宅会社様、工務店様）になります。また、保証内容については、施工後21年以降は弊社査定額による返金対応になります。その他、保証書発行には使用方法や施工方法など諸条件がございます。保証条件に適合しない場合は、保証対象をいたしかねる場合がございます。保証内容の詳細につきましては最寄りの弊社営業所までお問い合わせください。

ココがスゴイ　木材端材の活用でCO₂を固定し脱炭素に貢献

「Fu-geプレミアム」は、木材を製材する際に発生した端材などをチップに加工したものを、基材の原材料に活用する「オフセットサイディング」であり、脱炭素に貢献する。実に、原材料の体積比率で50％以上が国産材だ。例えば、延床面積30坪の住宅1棟にオフセットサイディングを使用した場合、CO₂固定量は約800kgに達する。施主にはCO₂固定量証明書を発行し、環境貢献の見える化も行っている。こうした取組みが評価を受け、オフセットサイディングは窯業系外壁材で唯一、環境省の行うグリーンライフポイント（GLP）アクションの対象に選ばれた。この事業は、地球環境に配慮した製品やサービスに対してポイントを付与することで、消費者のライフスタイル転換を加速させ、国民の行動変容を促すもの。ニチハでは、採用面積に応じて「ニチハ グリーンライフポイント」を付与、100ポイント1口で最大10万円分のギフトカードが抽選であたるキャンペーンへの応募ができる。

エシカルな選択で、未来を変える。
GLP グリーンライフポイント アクション
窯業系外壁材で唯一GLPアクションに採用された

森林資源の循環利用（イメージ）

木材の端材を基材に活用、森林資源の有効活用に貢献する

育てる
木々がCO₂を吸収してCに変え、生長（光合成）→地球温暖化を抑制

植える
日本の森林の40%は人の手で育てられる育成林

間伐
適切に伐採して環境を整える→森林の保全

主伐
木材として育てた木を伐採する

使う
オフセットサイディング 国産木材を使った製品

50年の耐久性を目指す金属屋根材
通気機能で木材の劣化リスクを低減

デネブエアルーフ

プレミアム
ポイント ▶ 先進性 独自性 社会性 性能品質 コスパ デザイン 施工性 将来性 使い勝手 生産性

株式会社ハウゼコ
☎06-4963-8266
https://hauseco.jp/

　（独）住宅金融支援機構が実施した「フラット35仕様実態調査」によると、2017年時点で、金属屋根のシェアは粘土瓦、スレート瓦を抜いて約4割を占めている。

　金属屋根の普及に伴い問題視されているのが、下地材や野地合板の腐朽による屋根そのものの耐久性の低下だ。こうした金属屋根の"弱点"とも言える問題を克服するために、「屋根の50年の耐久性」を目指しハウゼコが開発した通気立平葺き金属屋根材が「デネブエアルーフ」だ。

　金属屋根材は、透湿抵抗が高い野地板やアスファルトルーフィングに密着して施工する。そのため、スレート瓦や粘土瓦は野地板との間に多少の隙間があるが、金属屋根材は隙間がなく、毛細管現象により軒先、野地合板などに雨水が浸入しやすい。溜った水分が排出されなければ、下地材や野地合板が腐ってしまう懸念がある。

　「デネブエアルーフ」では、野地板上面に空気の層を作ることで野地板上面の含水率を20%以下に抑え、木材の劣化リスクを低減することを実現している。

記者の目

　近年、自然災害が多発しているが、大型台風などで立平葺き金属屋根材が軒先から吹き飛ばされる被害が発生している。その要因のひとつが軒先、野地板の腐朽により屋根材を固定する釘の保持力が弱まったことであると指摘されている。

　今後、金属屋根の普及がさらに進み、併せて自然災害も激甚化してくると、こうした問題が さらに深刻化する懸念がある。

　ハウゼコの「デネブエアルーフ」は、独自の通気リブと透湿ルーフィングによって木材の腐朽リスクを大幅に低減し、住宅全体の耐久性と防災性の向上に貢献する。金属屋根が潜在的に抱えている耐久性低下というリスクなどに対して一石を投じる商品である。

通気リブと透湿ルーフィングで木材の含水率を20％以下に

木材は含水率が20％以上になると腐朽菌が活発化し劣化リスクが高まる。デネブエアルーフは、独自の形状に加工した通気リブと、野地合板の上に施工する透湿ルーフィングの組み合わせで、野地板の湿気を運ぶ空気層をつくり、野地板上面を乾燥状態に保ち、腐朽リスクを低減する。

一般的な立平葺き金属屋根と、通気層を持つデネブエアルーフの試験体で野地板の含水率を測定したところ、一般的な立平葺き金属屋根は含水率20〜80％の高湿状態で推移することが判明した。一方、デネブエアルーフは含水率20％以下で推移、木材の耐久性向上に寄与していることが分かった。

デネブエアルーフを採用した
大阪府高槻市のY邸

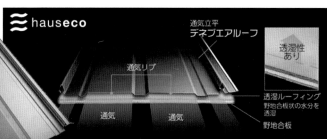

独自の通気リブによる空気層が湿気を逃がし野地板上面を乾燥状態に保つ

軒先換気部材、換気棟を組み合わせ
屋根・小屋裏の耐久性をさらに向上

軒先換気部材、換気棟などを組み合わせることで、屋根、小屋裏全体の耐久性をさらに高めることも可能だ。ハウゼコは、デネブエアルーフと併用できる軒先換気部材「通気立平用デネブB」、通気立平用換気棟「スピカBT」を用意する。

これらと組み合わせることで、軒先からの通気がデネブエアルーフと野地板間の通気層を流れ、換気棟から排出され、「軒先→野地板上面→棟」へと連続して通気・換気することができる。

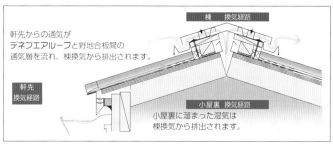

通気立平デネブエアルーフを施工する場合、通気立平用デネブB、通気立平用換気棟、透湿ルーフィングの組み合わせが必須

太陽光パネルの存在感を徹底的に排除
意匠性を追求した屋根材一体型太陽光パネル

Roof-1

プレミアム
ポイント ▶ 先進性　独自性　社会性　性能品質　コスパ　デザイン　施工性　将来性　使い勝手　生産性

株式会社モノクローム
https://www.monochrome.so/

　モノクロームが、2023年3月に発売した屋根材一体型太陽光パネルが「Roof-1」だ。金属立平屋根に太陽電池を一体化させたもので、機能性だけでなくデザインにも徹底的にこだわった。

　長さ6尺の縦葺き用ガルバリウム鋼板の金属屋根材と太陽光セルを一体化、特殊加工で太陽光設備の存在感を消して、設置した際には屋根と太陽光モジュールの見分けがほとんどつかないようになっている。フッ素塗装の鋼板を使用しており、屋根としての耐久性も高い。屋根一体型のため架台やパネルを設置する手間が省けるほか、重さも軽量となっている。また、ケーブル経路と通気を確保する特殊形状のスチロール板のバックアップ材を屋根一体型太陽光パネルの下に敷設し、最後に吊子とキャップで上から固定する施工方法をとることで、飛来物などで屋根の一部が損傷した場合には、破損したモジュールだけの取替ができる。現在は同社が材工込みで請け負っているが、建築板金業者であれば誰でも施工できるという。

記者の目

　太陽光発電設備の設置が急速に進む一方、設置により住宅のデザインを損なう、屋根が重くなり耐震性能に不安が生まれるといった問題がある。「Roof-1」は、一見すると太陽光発電が搭載されていることが分からないような高いデザイン性を持つ。また、太陽光一体型の屋根であるため、パネルを設置するための架台を必要とせず、屋根の重量を軽くすることができる。専門業者が介入することなく太陽光発電を搭載できるため職人不足にも貢献する。

金属立平屋根は近年の住宅トレンドにマッチしており、屋根材市場でシェアを伸ばしている注目の屋根材。デザイン性の高い太陽光発電という付加価値の上乗せにより、新たな屋根商材として旋風を巻き起こすのではないか。

特殊加工で屋根と太陽光を デザイン的にも一体化

Roof-1の最大の特徴がデザイン性の高さ。特殊加工で銅線を目立たなくし、太陽光モジュールの青みを抑えている。金属鋼板も太陽光モジュールに合わせて調色することで太陽光発電の存在感を消し、より一体的にしている。薄型の強化ガラスを採用することで、屋根材と太陽光発電モジュールを合わせた厚さは25mm程度となっており、金属屋根の強みを生かしたシャープな屋根デザインを実現した。太陽光パネル一体のRoof-1モジュールはフルサイズとハーフサイズがあり、金属屋根部分は板金加工ができるため、様々な屋根の形に対応できる。

「Roof-1」を設置した住宅。一見すると、太陽光部分と屋根部分の見分けがつかない

バックアップ材に沿った配線で 建築板金業者が簡単に施工できる

発電モジュールの施工は、発泡スチロール製のバックアップ材の溝に合わせて配線を行い、隣同士のモジュールのケーブルを接続することで完了する。最終的には屋根裏からケーブルを落とし込み、本体工事業者にパワーコンディショナーの位置まで配線をしてもらう。パワーコンディショナーの設置は同社が行い、施工業者にかかる設置の負担を最小限に抑える。

隣同士のモジュールのケーブルを接続すれば
太陽光発電を行える

発電状況の確認と 設備コントロールを1台で行えるHEMS

様々な設備のスイッチやリモコンを「Home-1」に集約、直感的な操作を行える。タッチパネルは壁埋め込み型でインテリアに溶け込む

2023年10月に発売したHEMS「Home-1」は、太陽光発電や消費電力の詳細な状況が一目でわかるエネルギーマネジメント機能と、空調や照明などの住宅設備を簡単に操作できるホームコントロール機能を1台に兼ね備える。壁埋め込み型の大型タッチパネルと、スマートフォンから操作が可能。エネルギーマネジメント機能では、Roof-1と連携し、発電量や電気の使われ方、電力会社から買っている電気の料金変動などを確認できる。太陽光発電による経済インパクトを見える化することで、ユーザーが電気の使い方を見つめ直すきっかけにする。ホームコントロール機能は、照明、カーテン、空調、給湯、カギ、セキュリティカメラに対応しており、2024年にインターフォンへ対応する機種も追加予定。

窓のニュースタンダード
国内最高クラスの断熱性能とデザインを両立

シャノンウインドNS50
トリプル

プレミアムポイント　先進性　独自性　社会性　性能品質　コスパ　デザイン　施工性　将来性　使い勝手　生産性

株式会社エクセルシャノン

https://www.excelshanon.co.jp/

　国内最高クラスの断熱性能を持つ三層Low-Eガラス樹脂サッシが「シャノンウインドNS50トリプル」だ。

　エクセルシャノンは日本で初めて樹脂サッシを開発・製造したメーカー。同社が展開してきた普及品の「トリプルシャノンⅡx」のデザイン性と断熱性を大幅に向上させ、東名阪エリアをメインターゲットとする新シリーズが「NS50トリプル」である。

　その断熱性能は、アルゴンガス仕様でありながら縦すべり出し窓でUw値0.79W/(㎡・K)、引違い窓・片引き窓で同0.94。通常であればクリプトンガス入りトリプルガラスで達成するような高い断熱性能を発揮する。また、デザイン面でスリム化やシャープ感を追求し、フレームの見た目を10〜20%スリム化した。引違い窓では腰窓サイズで30%、テラスサイズで42%スリム化した。採光面積が大幅にアップするとともに、スタイリッシュな住宅デザインにマッチする窓となっている。

　また、持ち手はシンプルな円柱形状を採用するなど操作性を考えたユニバーサルデザインとなっている。

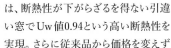
記者の目

　断熱等性能等級6、7等級が新設され、住宅事業者でもこれら上位等級への取り組みが広がっている。さらなる高断熱化、省エネ化が加速していくことは間違いない。こうしたなかで新たな商品開発が相次いでいるのが窓。住宅のなかで最も熱の出入りが大きい窓の断熱性能を高めることが大きな鍵になるからだ。「シャノンウインドNS50トリプル」は、断熱性が下がらざるを得ない引違い窓でUw値0.94という高い断熱性を実現。さらに従来品から価格を変えずに提供する(一部商品を除く)。さらなる高断熱化が強く求められるなか、従来品と同等価格の普及品として高性能樹脂サッシを手に入れられることで、樹脂サッシの普及にさらに加速がつきそうだ。

断熱性能は国内最高クラス

「シャノンウインドNS50トリプル」は、縦すべり出し窓でUw値0.79、引違い窓で0.94と国内最高クラスの断熱性能を持つ。熱が伝わりにくいという樹脂の特徴を最大限に生かしつつ、セル（空気の部屋）を屋外側から屋内側に向けて複数並べた構造とし、その配置や形状の工夫によって断熱性能の強化とフレーム強度向上の両立を図った。また、総厚みの大きな高性能ガラスを搭載するため、サッシの幅（奥行方向）を拡大するとともに、高さ方向の寸法を低減し、屋外に接するフレームの面積を小さくしたことも断熱性向上に寄与している。

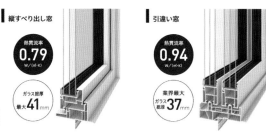

新設計の高性能フレームが
国内最高クラスの断熱性を実現

 ## フレームを
極限までスリム化した
シャープなデザイン

開き窓は凹凸の陰影と光で枠をスリムに見せ、フレームの見た目を10〜20%スリム化し、空間になじむシンプルな形状とした。引違い窓は中央の召し合わせ部の幅を50mmと従来品より腰窓サイズで30%、テラスサイズで42%もスリム化した。採光面積が大幅にアップするとともに、スリムでシャープなデザインが近年のスタイリッシュな住宅デザインにマッチする。

スリム召し合わせが
借景を生かす

 ## 大きな窓の開閉もスムーズに

各種のパーツはユニバーサルでロングライフなデザイン。ハンドルは極力シンプルな形状とし、窓種が混在していても統一感を演出する。重量が重くなる大開口の引違い窓は、小型ベアリング戸車の採用、通常引手の2倍サイズのロング引手の採用など、少しでも楽に開閉操作ができるように細部の仕様に工夫を凝らした。また、長く安心して使い続けることができるよう、ハンドル交換など部品交換、メンテナンス性に配慮したロングライフ設計となっている。

ロング引手から力の入れやすいアシストハンドル、
大型ハンドルなどに変更が可能

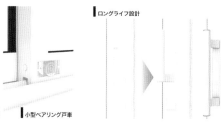

高性能住宅をさらに上の領域に導く
世界最高水準の断熱性能を備えた木製窓

木製クワトロサッシ

プレミアムポイント　先進性　独自性　社会性　性能品質　コスパ　デザイン　施工性　将来性　使い勝手　生産性

キマド株式会社／一般社団法人木創研

☎076-439-8111　http://www.kimado.co.jp/
http://www.iceice.com/mokusouken/

　住宅の省エネ性能を巡る競争は、より高いレベルへ移行してきている。省エネ性能を向上するうえでの弱点となる開口部についても、高性能化を図った商品が存在感を強めている。次々と発売される高性能窓の中でも、その性能の高さで一歩先を行くのが、キマドと中村勉総合計画事務所が共同開発した木製クワトロサッシだ。2枚の木製の障子それぞれにペアガラスを装着してガラスを4枚とした構造で、2枚の障子が連動して開閉する。

　熱貫流率は、世界最高水準の0.51W/$m^2 \cdot K$を誇る。世界トップレベルの窓であり、高性能住宅の壁と同等の断熱性能を備えている。つまり、木製クワトロサッシを採用することで、「窓は弱点」という常識が覆る。遮炎、遮音、水密、気密、耐風圧などでも高い性能を備えている。外面を防腐構造対応でき、浴室に使える高耐久木材を使用した製品も揃える。外開き、突出し、内開き、内倒し、両開き、FIXの6種をラインアップ。2枚の障子が連動しないことで清掃性を高めた「クワトロコンビ」も用意、様々なニーズに対応する。

記者の目

住宅の省エネ性能を向上するために、弱点となる開口部の面積を安易に少なくした住宅も散見される。結果として、断熱性能は向上したものの、居住性や採光性、住み心地が低下してしまったという声も聞かれる。省エネ性能と大開口の両立という難題に対して、サッシメーカーなども次々と高性能窓を市場投入してきているが、断熱性能という点で一歩先を行っているのが木製クワトロサッシだろう。高性能住宅の壁と同等の性能を備えた木製クワトロサッシを採用することで、開口部は断熱性能の向上を図るうえでの弱点ではなくなる。さらに言えば、建材の製造時のCO_2削減という点での貢献度も大きく、エンボディドカーボンの削減という点でも注目度が高まりそうだ。

ココが スゴイ

木製サッシと4枚のガラスで
熱貫流率0.51W/㎡・Kを実現

木製クワトロサッシは、4枚ガラスと熱伝導率が低い木材を部材として採用することで、世界最高水準の断熱性能(熱貫流率0.51W/㎡・K)を実現している。北海道で樹脂サッシ(Low-E複層ガラス)を使用した場合より、年間の冷暖房費を約25%抑えられる。関東や九州でアルミサッシ(Low-E複層ガラス)を使用した場合と比較しても、約2割の冷暖房費を抑えることができる。

その他にも、防火設備認定20分を取得している遮炎性能、防音室レベルの遮音性能なども特徴のひとつ。水密、気密、耐風圧性能などにも優れる。耐久性も高く、外面を防腐構造対応できる他、浴室に使える高耐久木材を使用した製品も揃える。

5.1mのコーナー広窓を庭側に設けたLDK。ZEH仕様で高い省エネ性を実現

クワトロクラシックの連窓

4枚のガラスと木材を採用

ココが スゴイ

大開口をあきらめることなく
ZEH・ZEBに

住宅の省エネ性能を高め、ZEHやZEBを実現しようとすると、どうしても大開口を設けることが難しくなる。木製クワトロサッシであれば、開口面積を犠牲にすることなくZEHやZEBを実現できる。木製クワトロサッシを採用することで、ZEB・ZEHでありながら大開口を設けている実例も増えてきており、省エネ性能の向上と大開口を両立できる点が高い評価を得ている。

大きな窓で開放的なフリーアドレスの執務室

ココが スゴイ ## 「木」と「自然力」を生かしたパッシブ型ゼロエネハウスを追求

(一社)木創研は、「木」と「自然力」を生かした「パッシブ型ゼロエネルギーハウス」を創造し、低炭素社会の実現と、次世代のための木の文化の創造を目的として研究を行っている。

床下空調の特徴を生かした自然通風のコロナウイルスにも強い家を「木創研の家」と呼び、スマートソーラーと協働し、「木創研オフグリッドシステム」の開発を推進。住宅の高い外皮性能をベースに、蓄電池・給湯タンクなどを生かして、必要なエネルギーは自給しながら、エネルギー的にほぼ自立した住宅を実現するべく実証実験を行ってきた。

その一環として、同システムを実装した「OFF-GRID木更津の家」が2018年に完成。この住宅も、壁と同じ断熱性能に加え、最高レベルの気密、遮音、水密性能を備えたクワトロサッシを採用している。

「OFF-GRID木更津の家」。クワトロサッシだからこそ、H3.5m、W9.3mの大開口を実現できた

既存の窓の外側に取付けてクワトロサッシを実現できる断熱窓を開発

超高層マンション対応 DI窓

換気しながら高断熱を実現する新しい窓
超高層マンションに対応、冷暖房費削減にも寄与

プレミアムポイント　先進性　独自性　社会性　性能品質　コスパ　デザイン　施工性　将来性　使い勝手　生産性

三協立山株式会社 三協アルミ社

☎0766-20-2332
https://alumi.st-grp.co.jp

「DI窓」は、ダイナミックインシュレーション技術を用いた窓システムである。同技術は、熱が逃げる方向と逆方向に空気の流れをつくることで断熱性を高めるもので、海外では一部壁で用いられているが、窓では実用化されていなかった。三協立山 三協アルミ社は高性能な窓を作るために研究開発を進め、まず同技術を採用した窓システムを商品化。屋外側の外窓と室内側の内窓による二重窓とし、換気のための外気を二重窓の中間層に取り入れて空気の流れをつくることで、窓から逃げる熱の移動を減らし、換気をしながら高断熱を実現する。冬は二重窓の中間層で暖められた空気を室内に取り込むため、室温低下を抑えた換気が可能。夏は中間層で外から侵入する熱をやわらげるため、心地よく過ごすことができる。低層マンションのリフォームにおいて採用されている。

さらに「超高層マンション対応 DI窓」を開発した。高い耐風圧性能、水密性能を両立させ、超高層マンション（200m級）のZEH-Mにも対応できる。

記者の目

コロナ禍において、室内の換気に大きな注目が集まった。さらに在宅時間が増えたことで、住まいの快適さ、暮らしやすさなどに対する関心も高まっている。その一方で、脱炭素社会の実現を目指し、住宅の省エネルギー性能の向上は待ったなしとなっている。DI窓は、空気を入替えながらも省エネを維持でき、暖かで涼しい暮らし―その矛盾を窓が解決してくれる商品だ。特に、戸建住宅に比べて省エネ化が遅れている集合住宅、なかでも超高層マンションに対応できるようになったことは大きな進化といっていい。24時間換気が稼働すると窓の中に気流が生まれ、その動きの中で断熱性を高める極めて簡単な仕組であるため、+αの電気代がかからず、メンテナンス性にも優れている。

 ココがスゴイ
二重窓の中間層を通し
室温に影響の少ない空気を取り込む

一般的な換気口が冬は冷たく夏は熱い外気がそのまま入ってくるのに対し、DI窓は外窓から取り入れた空気を二重窓の内部を通じ、室内に近い温度となって内窓の上枠全長にある換気口から室内にゆっくり取り込む。

通常、壁の換気口から取り入れた外気は冷たいままだが、DI窓は、例えば外気が0度の時、12度〜14度くらいまで上昇して室内に入ってくる。このため換気で室内に入る空気が冷たく感じにくく、換気による不快感が低減される。冬場のマンションでは、換気口を閉めたり、換気扇を止めることが多くあるが、換気が不十分になると室内の湿度が高まり結露やカビの発生の原因となる。DI窓で取り入れる外気は室温に近いためためらわずに冬場も換気を行える。

換気をしながら
高断熱を実現するDI窓

 ココがスゴイ
高い耐風圧性、水密性で
超高層ZEH-Mにも対応

超高層マンション対応「DI窓」は、外窓に「外DIユニット」、内窓に「内DIユニット」を取り付けることで、耐風圧性能4500Pa、水密性能1500Paと、従来の「DI窓」に比べて高い性能を実現した。超高層ZEH-Mにも対応する。

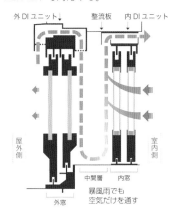

外DIユニット　整流板　内DIユニット

屋外側　中間層　内窓　室内側

暴風雨でも
空気だけを通す

外窓

 ココがスゴイ
窓の断熱性能を大幅向上
冷暖房費の削減にも寄与

中間層は、視界を遮らない「整流板」、二重窓内部に2種類の生地を使い分けできるブラインドを内蔵した「ダブルブラインド」、二重窓内部に断熱性のあるハニカム構造のブラインドを内蔵した「断熱ブラインド」の3タイプから選べ、窓の断熱性能を飛躍的に高める。通常の外壁（U値 0.75）並みの断熱性能を実現し、快適な室内環境を保つ。冷暖房費の削減にも寄与する。

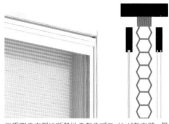

二重窓の内部に断熱性のあるブラインドを内蔵。最も高い断熱性能を発揮する

アルミ樹脂複合の概念を覆す断熱性能
アルミリサイクルによる環境配慮の面からも訴求

高性能窓　TW

プレミアムポイント　先進性　独自性　社会性　性能品質　コスパ　デザイン　施工性　将来性　使い勝手　生産性

株式会社LIXIL

☎0120-126-001
https://www.lixil.co.jp

　LIXILは、2026年3月期までに高性能窓（熱貫流率2.33W/（㎡・K）以下の製品）比率100％を掲げており、23年3月期時点で90％を達成している。一方で23年11月には、これからの窓選びには、断熱性能に加えて、地域ごとの日射熱取得率を考慮に入れたパッシブ設計の視点、さらにはライフサイクルアセスメントから見た環境負荷の低減まで考えた選択が必要だとし、条件に合う窓を「GREEN WINDOW」として打ち出すことを示した。

その最たる商品が高性能窓の「TW」だ。

　TWはフレームがスリムなアルミ樹脂複合サッシのため、従来の樹脂窓と比べガラス面積が約30％も多く取れる。自然光を多く取り入れられ、日射熱取得や開放感のある空間づくりに貢献する一方で、独自の設計とふんだんな樹脂量で高い断熱性能も確保している。さらに、同社はアルミリサイクルを推進しており、TWにも多くのリサイクルアルミが使用されるため、環境負荷削減にも寄与する。

記者の目

　断熱等性能等級の上位等級が創設され、住宅事業者は、いかにして住宅の断熱性能を高めていくかが喫緊の問題となっている。一方で、断熱性能だけに注視しすぎると、実際に住んだ時の快適性などの要素を見失いかねない。同社は断熱性能を確保するために開口部の小型化、少数化が進み、採光性や景色、風通しなどの窓の役割が見落とされることを懸念し、「GREEN WINDOW」宣言の下、地域特性や環境負荷など様々視点での窓の検討を促す。TWは、高い断熱性能でありながら、スリムフレームによる広いガラス面積を確保でき、さらには同社内でリサイクル技術が進んでいるアルミを使用しているため、環境負荷低減にも貢献する。TWを筆頭に、断熱性能だけに偏らない窓開発が進めば、窓市場、ひいては高断熱住宅の市場に新たな風が吹きそうだ。

スリムなフレームで
光や景色を多くとり込める

 ガラス面積を向上、大サイズにも対応
引違い4枚建てには新構造を採用

TWは、フレームのスリムさが特徴のひとつ。縦すべり出し窓で比較した場合、従来の同社樹脂窓に比べ、約30%向上したガラス面積で、光や景色を多くとり込む。引違い窓のサイズは高さが最大2730mmまで、幅が最大5500mmまで※と大サイズの窓にも対応する。また、引違い窓の4枚建てには、新構造として「スレンダーマリオン構造」を採用しており、中央の合掌部分のスリム化を図っている。

※ W5500の時の最大Hは2393mm、またH2730の時の最大Wは3883mm

 独自設計が可能にした樹脂窓と同レベルの断熱性能

独自設計の多層ホロー構造と、ふんだんな樹脂量で高い断熱性能と大型サイズ対応も可能な強度を実現し、トリプルガラス仕様も用意している。断熱性能は、縦すべり出し窓のアルゴンガス入り複層ガラス仕様で1.44W／(㎡・K)、クリプトンガス入りトリプルガラス仕様で0.98W／(㎡・K)とHEAT20のG2相当に対応可能なレベルだ。
さらに、同社の使用するトリプルガラスは3枚あるガラスのうち、真ん中のガラスが厚み1.3mmと一段薄いスマートライト構造。ガラス部分を軽量化することで施工性の向上や住宅の構造にかかる負荷を軽減する。

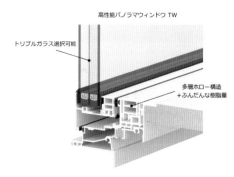
高性能パノラマウィンドウ TW

トリプルガラス選択可能

多層ホロー構造
＋ふんだんな樹脂量

独自の設計でアルミ樹脂の複合でも高い断熱性能を実現した

 甚大化する災害に配慮した
国内最高水準の耐風圧性、水密性

耐風圧性能と、水密性能も住宅窓の国内最高水準のS-4等級とW-5等級を達成。耐風圧性のS-4等級は最大瞬間風速57m／s相当に耐えられ、台風や大雨などの自然災害が多い日本でも安心の耐久性能だ。また、TWの発売に合わせて追加した新色のダスクグレーは、住宅外観に馴染む青みがかったグレーでデザイン性もさることながら、LIXIL独自の塗膜技術により耐傷性能を向上し、長期間に渡って美しい風合いを保つことができる。

TW発売に合わせて追加したダスクグレー。
長く使える耐久性能も同商品の強みだ

TOSTEM100年の技術が詰まった玄関ドアのフラグシップ
錠やラッチなどの機能を子扉に納めデザインに革新

次世代玄関ドア　XE

株式会社LIXIL
☎0120-126-001
https://www.lixil.co.jp

LIXILは、窓・ドアブランドTOSTEMが前身となる妙見屋の創業(1923年)から100年を迎えるにあたり開発、発売した商品が、これまでの知見や技術を結集した玄関ドアのフラグシップモデル「次世代玄関ドア XE」だ。

一般化していた錠やラッチなどの電気錠デバイスなどを扉の戸先に配置する玄関ドアの構造を見直し、ハンドルとラッチを分離して、すべての機能パーツを子扉に納めた。ハンドルとの連動ではなく扉を押す・引くの動作でラッチが出入りする

ローラーラッチを採用。ハンドルとラッチを連動させていたため、ハンドルの意匠や位置に制約があった従来の玄関ドアでは、不可能だったデザインを実現する。

機能パーツを子扉に集約したメリットはデザイン性の向上だけではない。これにより新商品開発のリードタイムを大幅に短縮することができ、トレンドの変化に対応しやすくなった。また、リフォームや海外展開に際しても、機能ユニットと扉をそれぞれニーズに合わせて選択できる。

記者の目

TOSTEM100年の集大成として発売したのが「次世代玄関ドア XE」だ。これまで国内外問わず一般的となっていたハンドルとラッチの連動で開閉する構造を打ち破る新構造は、同一化する玄関ドアデザインから脱却することができ、大きな差別化要素となろう。それだけに、丁番隠しやスリム枠で扉のデザインをフルに生かす工夫がしてある。

2024年1月には、リフォーム用の「リシェント玄関ドア3 XEモデル」を発売し、カバー工法による1日改修にも対応。開発に際してのヒアリングでは、「毎日触れるものだからこそ手触りや質感まで自分の気に入るものにしたい」という意見もあったそうで、素材にこだわったXEは、自分らしい住宅を建てたいと考える層に響くのではないだろうか。

素材にこだわった高級感のある扉デザイン

扉のデザインは、「エクスクルーシブガラス」「セラミックタイル」「金属調」「木目調」の4種類。「エクスクルーシブガラス」は、ソフトマット加工やメタリック塗装により独特のつや感とぼんやりと周囲の景色を反射するデザインとなっている。また、「セラミックタイル」の一部デザインには空間デザインパーツ「プラスＧ」と同じものを採用しておりコーディネートが可能。傷がつきにくく、焼き物の風合いや色ムラを最大限に演出する。

「ガラス」は、周囲の風景をぼんやりと映し出す

玄関ドアの常識を覆す新構造 リフォームや海外への対応も容易に

従来、本体扉の戸先側にあった箱錠、シリンダー、電気錠デバイスを機能ユニット（子扉）に収める新構造で、本体扉やハンドルの意匠・配置の自由度を高めた。デザインだけでなく、本体扉と機能ユニット（子扉）の交換が容易になったことで、デザイントレンドの変化には本体扉だけの交換、技術の進化に合わせて、より機能の高いドアにしたい場合には機能ユニットのみの交換というように、時代の変化や各家庭のニーズに合わせて玄関ドアをアップデートできる構造となっている。海外展開においても、各国の法令や生活様式に合わせたデザインやデバイスの組み合わせを設定しやすくなった。

すべての機能パーツを子扉に集約

時代を先進するIoT機能と断熱性能

スマートフォンやリモコン、カードキー、タグキーを使用して玄関ドアの施解錠を行うFamiLockを標準搭載。オプションとして、屋外からの施解錠を暗証番号の入力で行える「テンキー付屋外リーダー」、屋内からの施解錠をワンタッチで行える「ワイヤレス屋内ボタン」を用意。さらに、オプションでは手元の操作不要で近づくだけでドアが自動開閉する一歩先のドア技術「DOOR OPENER SYSTEM」も設定できる。断熱性能は、熱貫流率1.33W/（㎡・K）となっている。

FamiLockを標準搭載。オプションでは、より自由なドア開閉の選択をできる

断熱性と施工性を両立したリフォーム用窓
樹脂障子＋アルミ樹脂複合枠がさまざまなメリットを生む

マドリモ 断熱窓 戸建用
樹脂窓 引違い窓 ハイブリッド専用枠

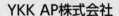

プレミアムポイント｜先進性｜独自性｜社会性｜性能品質｜コスパ｜デザイン｜施工性｜将来性｜使い勝手｜生産性

YKK AP株式会社

☎0120-20-4134
https://www.ykkap.co.jp/

「樹脂窓 引違い窓 ハイブリッド専用枠」は、外壁を壊すことなく約半日で最新の窓に取替えが可能な「マドリモ 断熱窓 戸建用」に新たにラインアップされた商品。障子が樹脂、枠がアルミ樹脂複合というハイブリッド構造により断熱性と施工性を両立させた商品だ。

住宅の高断熱化に伴い、リフォーム分野でも樹脂窓化が拡大しているが、施工面において「壁厚の薄い既存住宅に納まらない」、「大開口サイズに対応できない」、「現場への運び込みが困難」といったリフォームならではの課題があった。

「樹脂窓 引違い窓 ハイブリッド専用枠」は、樹脂とアルミ樹脂複合のハイブリッド構造によってこれらの課題をクリアする。熱貫流率はU値≦1.8W/㎡・Kと、「先進的窓リノベ事業」における改修後の窓の区分性能は従来の樹脂窓と同じAグレードを維持。枠見込み寸法を小さくし対応力を高めるとともに枠見付寸法を最薄化し有効開口を広くした。さらに現場組立が可能なノックダウン方式により運搬・搬入をしやすくしている。

記者の目

新築住宅はZEHレベルは当たり前となり、さらに上の性能への取り組みも進む。こうしたなかで急がれるのがストックの性能強化だ。2023年に実施された「先進的窓リノベ事業」は2024年も実施されることが決まっており、窓の高断熱化を強く後押しする事業として注目されている。その一方で、窓リフォームは既存住宅の状況に左右されるという面があり、高性能化したくとも樹脂窓に交換することが難しいケースもあった。「樹脂窓 引違い窓 ハイブリット専用枠」は、樹脂の障子にアルミ樹脂複合枠を組み合わせることでこれらの課題をクリアした。アルミ樹脂複合枠でも高い断熱性を維持したまま扱いやすさを実現した。今後、こうしたリフォームに向けた商品開発がより活発化しそうだ。

樹脂障子
(ガラス入完成品)
※全サイズテラス框障子

アルミ樹脂複合枠
(ノックダウン)

樹脂枠
＋
アルミ枠

アルミ樹脂複合枠で対応力を強化
有効開口も広く、段差も最小限に

「樹脂窓 引違い窓 ハイブリッド専用枠」は、アルミ樹脂複合枠とすることでビス留めした後に樹脂アングルを取り付ける方法とすることで、枠見込みを従来の樹脂窓の148mmから117mmに抑え、壁厚に左右されずほとんどの住宅に対応できる。また、アルミで強度を担保できるため枠の見付寸法を最薄化した。枠の見付がスリムになることで有効開口が広くなるとともに、下枠段差を従来の57mmから29mmまで縮小しテラス窓の際の跨ぎ段差を最小限に抑えた。

最大3517mmまで対応し
縁側空間にも最適

従来の樹脂窓は枠が溶着されていることから窓の幅は2600mmまでしか対応ができなかった。アルミ樹脂複合枠とすることで3517mmまで対応が可能となり、築年数の古い住宅に多い寒い縁側空間も断熱性の高い樹脂窓でリフォームすることができる。

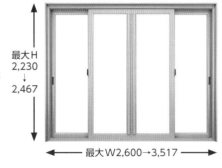

最大H
2,230
↓
2,467

最大W2,600→3,517

ノックダウン方式で
現場での組み立てが可能

樹脂窓の枠は4方の部材を工場で溶着して出荷するため、現場への運び込み、2階への搬入などが困難なケースもあった。アルミ樹脂複合枠はノックダウン方式で、部材を施工場所に運んでその場で組み立てることができる。施工現場を選ばずリフォームできることが大きな特長だ。

木材と土壌へのＷ処理で
シロアリから住宅を護る防蟻工法

eことアル工法

プレミアムポイント　先進性　独自性　社会性　性能品質　コスパ　デザイン　施工性　将来性　使い勝手　生産性

株式会社エコパウダー

☎048-928-1671
https://ecopowder.com/

　日本で住宅の耐久性を高めていくためには、防蟻対策が不可欠である。

　ホウ酸処理によるシロアリ対策を展開するエコパウダーは、木材と土壌へのＷ処理で住宅をシロアリから守る「eことアル工法」を提案する。

　この工法は、木材の腐朽と虫食いの防止にエコボロンPROを、土壌処理にシンジェンタジャパンのアルトリセット200SCを使うもの。エコボロンPROは揮発蒸発しないため空気を汚さず、効果が長期間持続する。安全性と持続性に優れた木部処理剤だが、木部処理のみでは、断熱材などの木材以外の建材がシロアリ被害に遭うリスクが残る。

　一方、アルトリセット200SCは、土壌処理用シロアリ防除剤で、米国で「低リスク殺虫剤」として登録されるなど、高い安全性・環境性を持つ。持続性にも優れるが、土壌処理のみでは、今度は木材の腐朽リスクが残ってしまう。つまり、2種の薬剤を組み合わせた"W効果"でデメリットを補完しあい、さらに効果の担保を高めているのが「eことアル工法」である。

記者の目

　阪神淡路大震災で倒壊した木造住宅の8割は腐朽菌やシロアリの被害によって、耐震強度が大幅に低下していたことが分かっている。それだけに、木造住宅を長く使っていこうとすると、防腐・防蟻対策が不可欠であるということだ。
　また、最近では木造住宅の高気密・高断熱化が進むことで、湿気の逃げ場がなく、一年を通して一定以上の温度が保たれるようになり、腐朽菌やシロアリの被害を受けやすい環境になってきている。さらに言うと、アメリカカンザイシロアリの登場によって、建物全体に防蟻対策を講じていく必要性も生じている。「eことアル工法」は、防蟻対策を巡る変化にも対応するものであり、万全のシロアリ対策を日本の住まいに提供している。

食塩以下の毒性値の薬剤で高い安全性を実現

エコボロンPROの有効成分の「ホウ酸塩」は揮発蒸発せず空気を汚さず、万が一口に入っても食塩と同程度の毒性値であり、安全性の高さからキッズデザイン賞も受賞している。アルトリセット200SCは毒物及び劇物取締法の毒物や劇物に該当しないなど、業界最高水準の安全性を持つ。米国環境保護庁からシロアリ散布用薬剤として唯一、低リスク防除薬剤の承認を受けている。毒性値は食塩よりも低い。

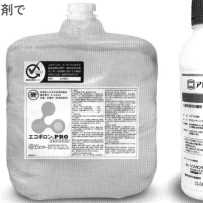

施工品質確保の取り組みを徹底

エコボロンPROの施工は、エコパウダーが研修を行い、修了者として認定された認定施工士が行ってきた。eことアル工法の展開を踏まえ、新たにアルトリセット200SCについても、所定の研修を終えた実務者が責任施工で行う。そのため、施工品質という点でも安心して採用に踏み切ることができる。

10年超の効果を発揮 30年保証も用意

エコボロンPROは、分解されない無機物「ホウ酸塩」が有効成分で10年を超える長期効果を発揮する。アルトリセット200SCは、現在使用可能な土壌処理剤として最長の10年間の効果を野外シロアリ試験で確認している。5年ごとの再施工が必要な一般的な農薬系薬剤に比べ経済的だ。さらに、10年ごとのメンテナンスを条件に、最長30年の保証制度を設けている。

エコボロン

- 木部にホウ酸塩を染み込ませて、シロアリに食べられない木にする。
- 分解・蒸発しないため無臭で、効果は長期間持続する。

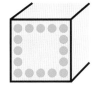

農薬処理

- 農薬成分を蒸発させてシロアリを防ぐモノはシックハウスの原因になるものも。
- 農薬は5年で分解され消えてしまうため、5年に一度の再施工が必要。

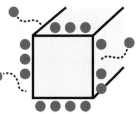

住宅会社のロングライフニーズに応える
耐用年数60年の屋根下葺材

マスタールーフィング

プレミアムポイント ▶ 先進性 独自性 社会性 性能品質 コスパ デザイン 施工性 将来性 使い勝手 生産性

田島ルーフィング株式会社

☎03-5821-7713
https://tajima.jp/

　住まいに関するトラブルの多くが雨漏りに起因するものであり、豪雨に負けない性能の確保が求められる。屋根の防水に欠かせないのが、下葺材（ルーフィング）による二次防水だ。野地板の上に張り付け、屋根材の間から浸入してくる雨水が、下地に染み込まないように守る役割をもつ。近年は、さらに樹脂やゴムなどを添加し、不織布などを貼り付け、引き裂き強度及び釘穴シーリング性などの性能を向上した改質アスファルトルーフィングが一般化してきている。

　「マスタールーフィング」は、田島ルーフィングが、ラインアップする改質アスファルトルーフィングの最高峰として位置付ける商品だ。独自の劣化防止層が外気をシャットアウトし、経年による劣化を防ぎ、長期にわたって建物を雨から守る。高強度の合成繊維不織布を基材とし、高品質の改質アスファルトを使用。"パーフェクトルーフィング"と呼ぶのにふさわしい機械的強度、耐久性、防水性、防滑性など屋根下葺材に求められる機能を備えている。

記者の目

　住宅の保証期間のさらなる長期化を図り、差別化につなげようとする動きが増えてきている。長期保証を図る上で忘れることができないのが、防水性能の保持だろう。防水性能が低下することで原因特定が難しい漏水事故へとつながるだけに、細心の注意を払うことが求められる。防水性能の確保には、当然ながら屋根が重要な役割を担う。し

かし、屋根材が60年もったとしても、その下の下葺材の寿命が60年以下であれば、結局は屋根全体の耐久性は向上しない。マスタールーフィングは、60年という耐久性を実現し、こうした問題を解決する。夏期の高温化が進み、豪雨、台風災害などが頻発する中で、施主から「マスタールーフィング」の指名が入ることも増えてきているという。

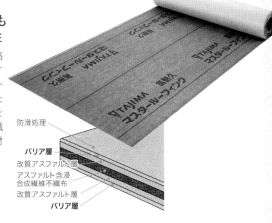

釘やタッカーを打ち込んでも
防水性能を確保する柔軟性

屋根下葺材は、釘やタッカーを打ち込んでも絡みつくように密着して水を漏らさないようにすることで、屋根の防水性を確保する。マスタールーフィングは柔軟性や耐久性を向上させた「改質アスファルト」を使用し、高い防水性能を実現する。また、寸法安定性に優れた「合成繊維不織布」などを採用することで、屋根下葺材に求められる性能を高いレベルで実現した。

防滑処理

バリア層
改質アスファルト層
アスファルト含浸
合成繊維不織布
改質アスファルト層
バリア層

金属膜で劣化を抑制
施工性や仕上がりも向上

下葺材の両面に金属膜のバリア層を施すことでアスファルトの劣化を抑制する。地球温暖化に起因する異常気象で住まいはより過酷な環境にさらされるようになってきている。毎年のように台風、豪雨による災害が発生している。気象庁によると、2023年は日本も世界も過去最も気温が高い年になったという。こうした過酷な気象環境は常態化していくことが懸念されている。マスタールーフィングは、金属膜のバリア層がアスファルト層への酸素の侵入を防ぎ長期にわたり初期状態を維持。過酷な環境下においても長期にわたり初期状態を維持し続け、住まいの長寿命化を下支えする。

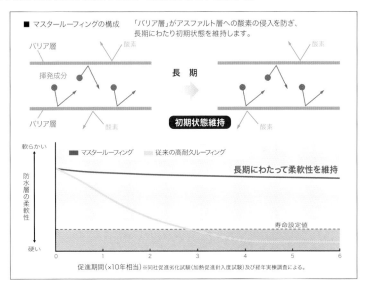

■ マスタールーフィングの構成　「バリア層」がアスファルト層への酸素の侵入を防ぎ、長期にわたり初期状態を維持します。

バリア層　酸素
揮発成分
長　期
バリア層　酸素
初期状態維持
酸素

軟らかい
防水層の柔軟性
硬い

マスタールーフィング　従来の高耐久ルーフィング
長期にわたって柔軟性を維持
寿命設定値

促進期間(×10年相当)※同社促進劣化試験(加熱促進針入度試験)及び経年実棟調査による。

夏期の下葺材のべたつきを防止
施工性、仕上がりにもメリット

金属膜のバリア層は施工性や仕上がりにもメリットをもたらす。屋根下葺材の施工は急勾配の屋根の上で作業を行うため、従来品ではアスファルトの表面に砂や塗料などで防滑処理を施している。しかし、夏場の高温時にはアスファルトが柔らかくなり、下葺材の上を歩くとベタつきや足跡が残るということがある。金属膜でアスファルトを遮断するマスタールーフィングはこうした心配がない。

特殊な遮音粒材の摩擦・衝突が音を吸収
これまでになかった重量床衝撃音低減材

SILENT DROP
（サイレントドロップ）

プレミアム
ポイント　先進性　独自性　社会性　性能品質　コスパ　デザイン　施工性　将来性　使い勝手　生産性

フクビ化学工業株式会社

☎0800-919-2911
https://www.fukuvi.co.jp/

「SILENT DROP（サイレントドロップ）」は、天井に置くだけで重量床衝撃音を低減する新しい発想の粒状床衝撃音低減材だ。軽量かつ省施工で高い低減効果を発揮することが大きな特徴で、これまでになかった対策方法で、新築はもとよりマンションのリノベーションにも適している。

重量床衝撃音は重量のあるものが落下時の衝撃音で、マンションではコンクリートスラブが厚いほど衝撃音レベルを低減できる。そのため対策にはコンクリート増し打ちすることが一般的だが、建物の重量が増すことになり耐震性に影響を与える。また、既存の天井ボードの上に天井ボードを重ねることで振動を低減する方法もある。

「SILENT DROP」は、特殊遮音粒材同士の摩擦や衝突で天井の振動を効率的に吸収し、重量床衝撃音の放射を抑制する商品で、天井に載せるだけで上階の歩行音や飛び跳ね音を低減することができる。1㎡当たり6〜8kgと軽量なため建物の性能に影響を及ぼさず、天井増し張りの約5.5倍の低減効果を持っている。

重量床衝撃音は重量のあるものが落下時の衝撃音で、マンションではコンクリートスラブが厚いほど衝撃音レベルを低減できる。

記者の目

そのため対策にはコンクリート増し打ちすることが一般的だが、建物の重量が増すことになり耐震性に影響を与える。また、既存の天井ボードの上に天井ボードを重ねることで振動を低減する方法もある。

「SILENT DROP（サイレントドロップ）」は、天井に置くだけで重量床衝撃音を低減する新しい発想の粒状床衝撃音低減材だ。軽量かつ省施工で高い低減効果を発揮することが大きな特徴で、これまでになかった対策方法で、新築はもとよりマンションのリノベーションにも適している。

天井の手前で振動エネルギーを吸収

人の歩行音など重量床衝撃音は、一般的に床、コンクリートスラブ、吊りボルトを通じて天井に伝わる。サイレントドロップは、上階からの振動エネルギーを天井材に伝わる手前で、特殊粒材の衝突・摩擦により音を吸収し低減する。

同社は、CLT建築における階下への騒音トラブル解消を目指し、（一社）日本CLT協会とサイレントドロップの効果を検証。乾式二重床を用いた「乾式工法」と2階躯体の上にコンクリートを施工した「湿式工法」でサイレントドロップを施工し試験を行ったところ、どちらの工法においても遮音性能の向上を確認している。

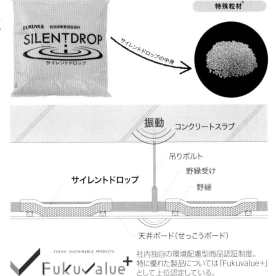

社内独自の環境配慮型商品認証制度。特に優れた製品については「Fukuvalue+」として上位認定している。

建物に負荷を与えない軽量さ

重量床衝撃音1ランク以上の改善に伴う重量増加は、サイレントドロップが8kg/㎡であるのに対し、乾式二重床は30kg/㎡、コンクリート増し打ちは120kg/㎡と圧倒的に軽量であることが特徴。重量増による建物への負荷が少なく、耐震性への影響もほとんどない。また、二重天井の裏に施工するため、他の建材・設備の納まりにも影響を与えない。

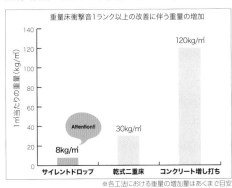

※各工法における重量の増加量はあくまで目安

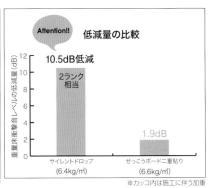

※カッコ内は施工に伴う加重

天井に載せるだけの簡単施工

施工は天井に載せるだけというシンプルなもので、1個当たりの重さは約4kgと施工性の良さが大きな特徴だ。新築に限らず、リフォーム・リノベーションでも使用することができる。石膏ボード二重張りと同程度の荷重で5倍以上の低減効果を発揮する。

エクステリア

手動でのロック操作不要でスラットの抜け出しを防ぐ
耐風圧性能800Paの耐風形軽量シャッター

耐風ガードLS

プレミアムポイント　先進性　独自性　社会性　性能品質　コスパ　デザイン　施工性　将来性　使い勝手　生産性

三和シヤッター工業株式会社

☎03-3346-3011
https://www.sanwa.ss.co.jp

　台風の大型化に伴い、強風による被害を防ぐシャッターには、より高い耐風圧性能が求められるようになった。三和シヤッター工業は大型台風に備えた「耐風ガード」シリーズで設置用途に合わせた商品をラインアップしている。そのなかでも、耐風圧性能800Paを確保する軽量シャッターが「耐風ガードLS」だ。

　工場などに設置する重量シャッターに比べ、軽量シャッターはスラットの板厚が薄く、また窓シャッターと異なりサッシなどが併設されていないことが多いため、耐風圧性能を確保しにくい。

　こうした課題に対し、同社は2020年に可動式フックの操作によって耐風圧性能を800Paまで高める「耐風ガードL」を発売。さらに、2023年5月には手動でのロック操作を行うことなく、耐風圧性能800Paを維持した「耐風ガードLS」を発売した。

　「耐風ガードLS」は強風によりシャッターカーテンがたわむと、スラット端部がガイドレールに引っかかる独自構造を有し、ロック操作を行えない外出中や夜間の急な強風にも備えることができる。

記者の目

台風の大型化により、住宅向けのシャッターにさらに高い耐風圧性能が求められるようになってきている。一方で、軽量シャッターはそもそもスラット板厚が薄く、耐風圧性能が確保しにくい商品である。こうしたなか20年に発売した「耐風ガードL」の最大耐風圧性能800Paのインパクトは大きかった。そこからさらに利便性を向上したのが「耐風ガードLS」だ。手動でロックを掛ける必要がなくなり、急な強風にも対応できるため、特に台風の多い西日本地域で好評だという。

温暖化などの影響で災害の激甚化が懸念されるなか、注目の建材となりそうだ。

手動でのロック操作不要で耐風圧性能800Paを実現

従来の「耐風ガードL」は、シャッターカーテンの中央部にある可動式耐風フックを手動でロックし、耐風圧性能を確保していたが、「耐風ガードLS」は、スラット端部を独自開発のフック形状とすることで、ロック操作を行わずにスラットの抜け出しを防止できる。これにより開口幅3.7mまで正圧、負圧ともに800Paの耐風圧性能を実現した。

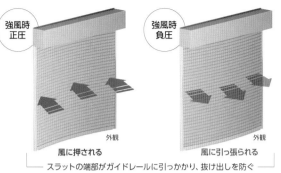

強風時正圧

外観

風に押される

強風時負圧

外観

風に引っ張られる

スラットの端部がガイドレールに引っかかり、抜け出しを防ぐ

軽量シャッターのなかでは最高レベルの耐風圧性能800Paで住宅や店舗を強風から守る

 ## 開口の大きいシャッターでの手動操作性向上

これまで、スラットの板厚は開口幅によって、0.5㎜と0.8㎜を使い分けていた。しかし、常時800Paの耐風圧性能を確保できる「耐風ガードLS」においては、すべての設計範囲を0.5㎜に統一した。これにより、開口幅の大きいガレージであっても、軽い操作感でシャッターの開閉ができる。薄い板厚は省資源化による環境負荷軽減にも貢献する。

豊富なカラーバリエーション 高耐食カラーもラインアップ

スラットカラーは、カラー鋼板5色、高耐食カラー鋼板2色の全7色。定番のサンドやライトグレーに加え、シックな雰囲気のブラウンやガンメタリックなども用意しており、好みに合わせた選択ができる。

●カラー鋼板					●高耐食カラー鋼板	
サンド	ライトグレー	ホワイト	ブラウン	ガンメタリック	クールシルバー	ハニーゴールド

※実際の色とは異なる場合があります。

重量はブロック塀の20分の1
安全性、施工性、意匠性が魅力の"第三の塀"

アートウォールseed

プレミアムポイント ▶ 先進性 独自性 社会性 性能品質 コスパ デザイン 施工性 将来性 使い勝手 生産性

四国化成建材株式会社

☎0120-371-459
https://kenzai.shikoku.co.jp/

　住宅に塀を設置する場合、ブロック塀やフェンスという2つが有力な選択肢となる。そして、第三の選択として注目されているのが四国化成のアルミシステム塀「アートウォール」だ。

　「アートウォール」には、アルミ製の支柱とフレームの構造に長尺の化粧材を取り付ける「アートウォールmodern」と、アルミパネルと支柱で自由な仕上げを行うことができる「アートウォールseed」という2タイプがある。いずれもアルミ製の構造体であるため軽量であり、「アートウォールmodern」ならブロック塀の14分の1、「アートウォールseed」なら20分の1程度の重量しかない。地震による塀の倒壊が問題になるなかで、重量自体が軽いため、万が一、倒壊したとしても重大な事故に発展するリスクが少ない。

　施工性にも優れており、とくに「アートウォールseed」は、アルミ製の支柱にパネルをはめ込んでいくだけで工事が完了する。また、豊富なパネルバリエーションを用意しており、多様な意匠を実現できる。さらに、ローラー、塗り壁、吹付けなどの仕上げにも対応しているだけでなく、曲面などを表現することも可能だ。

記者の目

　2018年6月、大阪北部地震によりブロック塀が倒壊し、2名の死者が出るという痛ましい事故が発生、ブロック塀の安全性に関する社会的な関心が高まった。四国化成のアートウォールは、その圧倒的な軽量さによって万が一の場合の安全性を確保しただけでなく、施工性の向上も実現している。さらに住宅外観を彩る意匠性も備えている。なかでも「アートウォールseed」は、ブロック塀の20分の1という軽量化に成功している。さらに言えば、意匠性や施工性にも優れており、ブロック塀やフェンスとは一線を画すエクステリア建材だと言えるだろう。

圧倒的な軽さにより
高さ2.4mまで
控え壁が不要

「アートウォールseed」は、アルミ製の枠にアルミと樹脂の複合板を貼ったパネルで構造を構成しており、ブロック塀などに比べると圧倒的に軽い。一般的なブロック塀と比較すると20分の1程度の重量しかない。そのため、通常のブロック塀の場合、高さ1.2mを超えると控え壁を設ける必要があるが、2.4mまで控え壁を設置する必要がないという特徴も備えている。

高さ1.2mを越えても
控え壁の設置が必要ない

多様な仕上げで住宅外観を彩る
曲面なども対応可能

「アートウォールseed」では、ローラー、塗り壁、吹付け、デザインストーン、タイルから仕上げを選べる。様々なパネルを組み合わせて自由な形に仕上げていくことも可能。基本タイプのほか、角開口タイプ、ポスト取付タイプ、縦格子タイプ、ルーバータイプ、さらには曲面タイプのパネルも用意しており、複雑な形状も簡単に表現できる。

様々なパネルを組み合わせて自由な形に仕上げていくことも可能

簡単施工で安全に美しい壁を実現

1日施工も可能
大面積を短期間で施工

一般的なブロック塀の場合、土中に大きな基礎が必要になるほか、全てのブロックとブロックの間にモルタルを詰め、積み上げるといった手間が必要になる。基礎部から鉄筋も必要になるほか、強度を保つために鉄筋を2～3段おきに入れ、鉄筋と針金で固定し、モルタルで固めるといった作業手間も生じる。
対して「アートウォールseed」であれば、アルミの支柱と間にパネルを挟み込んでいくだけで工事が完了し、より安全かつ美しい壁を簡単に実現できる。

RC造基礎に代わる新しいブロック塀
基礎スラブ、立ち上がりの一体施工で安全性を向上

耐震ブロック塀基礎

プレミアムポイント　先進性　独自性　社会性　性能品質　コスパ　デザイン　施工性　将来性　使い勝手　生産性

太陽エコブロックス株式会社

☎06-6466-6751
https://www.taiyo-ecobloxx.com

現行のブロック塀の多くは、現場でRC造の基礎スラブをつくり、その上にブロックを積んでいくため、打継ぎ部で基礎が壊れやすいという弱点が指摘されている。地震などにより、打継ぎ部が壊れ、ひび割れが生じやすく、雨水などが浸入して壁の中の鉄筋を腐らせて、耐震性を損ない転倒のリスクも高まる。

耐震性、安全性を高めたブロック塀の開発が急務となるなかで、インターロッキングやコンクリートブロックのメーカーである太陽エコブロックスは、このRC造基礎の脆弱さに着目し、組積造の一種であるRM造（鉄筋コンクリート組積造）のユニットなどを活用したブロック塀の基礎工法として「耐震ブロック塀基礎」を開発した。基礎スラブ、立ち上がり部を一体施工するため打継ぎがなく壊れにくい。また、RMユニットを立ち上がりの1段目に使用することで、縦筋のピッチを正確に定めることができ、縦筋の台直し、施工不良をなくすことにもつながる。

記者の目

2018年6月、大阪北部地震によりブロック塀が倒壊し、2人の死者を出す被害が発生した。この事故を受けて、国土交通省は、耐震改修促進法施行令を改正し、建築物に付随する塀の耐震診断を義務付けるとともに、ブロック塀の除去・改修に対する補助なども強化している。しかし、ブロック塀の根入れ深さや基礎底版の幅などを定めた建築学会の基準などは存在するものの、法的拘束力はなく、施工品質の検査なども義務化されていないため、実際には現場の施工者任せでつくられている。

太陽エコブロックスは、現行のブロック塀倒壊の原因の一つとして基礎の打継ぎ部が弱点になっていることに着目し「耐震ブロック塀基礎」を開発した。地震被害が相次ぐ中で、最大限安全に配慮したブロック塀のつくり方としてスタンダード化していくことを期待したい。

基礎の打継ぎなし施工費削減、工期短縮に寄与

RM造は、RMユニットと呼ばれるコンクリートまたはセラミック製のブロックを用いる組積造だ。空洞部に所定の配筋をした後、グラウトと呼ばれるコンクリートまたはモルタルを充填して構築するコンポジット構造で、ブロックとグラウトの複合体が壁を構成する。RC造と同じように耐震性、耐久性、気密性、遮音性が優れている。確実にかぶり厚さが確保されるためRC造と比べて建築物の品質が担保され、高性能のRMユニットを用いることで100〜200年という長寿命の建築も可能となる。

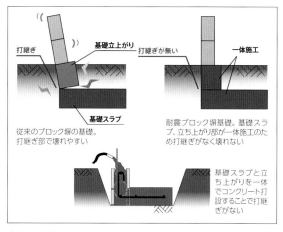

従来のブロック塀の基礎。打継ぎ部で壊れやすい

耐震ブロック塀基礎。基礎スラブ、立ち上がり部が一体施工のため打継ぎがなく壊れない

基礎スラブと立ち上がりを一体でコンクリート打設することで打継ぎがない

「耐震ブロック塀基礎」は、RM造のトップメーカーである太陽エコブロックスが、ブロック塀の倒壊事故を受けて、安心安全なブロック塀を実現するために、基礎の部分に特化した工法として開発した。基礎スラブと立ち上がりを、RMユニットを使用し配筋含めて一体でコンクリート打設することにより打ち継ぎが生じない。ブロック塀の立ち上がりの1段目だけRMユニットを使用、それより上段は普通のいわゆる空洞ブロックを使用し、耐震性、安全性を高めたブロック塀をつくることができる。基礎の生コン打設が1回で完了するため、施工費の削減、工期短縮につながる。施工が容易で、国が定めた認定資格であるブロック建築技能士による一貫施工が可能。

縦筋台直しのリスクをゼロにエポキシ樹脂塗装の鉄筋を採用

RC造基礎では、空洞ブロックを積むために、基礎スラブから縦筋を立ち上げる必要があるが、いざブロックを積むときに、ピッチがずれる場合がある。その場合、「台直し」という作業で鉄筋を曲げて補正することになるが、作業の手間がかさむ上、強度低下のリスクも避けられない。対して、「耐震ブロック塀基礎」では、基礎スラブと一体施工するRMユニットの割り付けに沿って縦筋を立ち上げることで、ピッチを正確に定めることができ、「台直しリスク」をゼロにできる。また、鉄筋にエポキシ樹脂塗装を施す「あんしん鉄筋」を採用、錆びにくいことから長期にわたって強度を保つことができる。

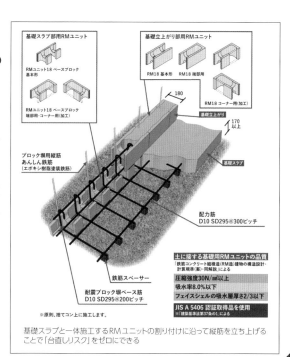

基礎スラブ部用RMユニット

RMユニット18 基本形 ベースブロック

RMユニット18 ベースブロック 端部用・コーナー用(加工)

基礎立上がり部用RMユニット

RM18 基本形　RM18 端部用

RM18 コーナー用(加工)

180

基礎立上がり

170以上

ブロック塀用縦筋 あんしん鉄筋 (エポキシ樹脂塗装鉄筋)

基礎スラブ

配力筋 D10 SD295@300ピッチ

鉄筋スペーサー

耐震ブロック塀ベース筋 D10 SD295@200ピッチ

※原則、捨てコン上に施工します。

土に接する基礎用RMユニットの品質

「鉄筋コンクリート組構造(RM造)建物の構造設計・計算規準(案)・同解説」による

| 圧縮強度30N/mm²以上 |
| 吸水率8.0%以下 |
| フェイスシェルの吸水層厚さ2/3以下 |

JIS A 5406 認証取得品を使用
「建築基準法第37条の1」による

基礎スラブと一体施工するRMユニットの割り付けに沿って縦筋を立ち上げることで「台直しリスク」をゼロにできる

エクステリア

「粗し+エンボス」加工で意匠性を追求
リアルな木目を表現した再生木デッキ

ソライエデッキ彫PLUS

プレミアムポイント / 先進性 / 耐目性 / 社会性 / 性能品質 / コスパ / デザイン / 施工性 / 将来性 / 使い勝手 / 生産性

フクビ化学工業株式会社

☎0800-919-2911
https://www.fukuvi.co.jp/

天然木デッキに比べて耐久性が高く、手入れが簡単な再生木デッキが注目を集めており、戸建住宅用ウッドデッキの市場において、その普及が進んでいる。

「ソライエデッキ彫PLUS」は、再生木の「プラスッド」を使用したウッドデッキ「ソライエデッキ」にリアルな木目デザインをあしらい、意匠性を向上させたものだ。粗し加工とエンボス加工の両方を施すこと

で小さな節が複雑に配置された自然な木目を表現、さらに、色差と陰影をはっきりさせ、コントラストを生み出すことで木目柄を際立たせている。デッキ材表面だけでなく、幕板側面にも同様の加工を施すことで工業製品でありながら自然なリアル感を持つ。オプションで木質感のある束カバーも用意しており、細部まで徹底的に高意匠にこだわった。

記者の目

(一社)日本エクステリア工業会によれば、再生木デッキは2021年度の出荷金額が190億8700万円(前年度比3.7%増)となっており、エクステリア製品全体の構成比のうち、7.9%(同0.1ポイント増)を占めるなど年々市場が拡大している。ただ、再生木は意匠性に難点を示す施主もいる。

「ソライエデッキ彫PLUS」は、粗し加工とエンボス加工を組み合わせることで再生木の特徴である耐久性とメンテナンス性の高さはそのままに、天然木にも劣らない高意匠性を実現し

た。幕板にも同様の加工を施すことで、側面から見ても意匠性を損なうことがない。

コロナ禍以降に住空間を見直す動きが加速し、特に庭、ベランダなど外部空間の活用を重視、外構・エクステリアのリフォームを検討する人が増えた。デッキを住空間の延長として捉えた時、当然、そこには高い意匠性が求められる。「ソライエデッキ彫PLUS」は機能性と意匠性を両立したハイブリッドなウッドデッキとして、今後注目を集めていきそうだ。

**「粗し＋エンボス」加工により
リアルで自然な木目を表現**

「ソライエデッキ彫PLUS」は、押出成形した基盤に粗し加工とエンボス加工の両方を施すことで、小さな節がランダムに並ぶリアルで自然な木目を表現した。これにより、工業製品でありながらも高い意匠性を実現した。また、粗しとエンボスという二つの加工を施すことでそれぞれの部分の色差と陰影のコントラストがはっきりし、木目柄がより際立つ。
現在、ダークブラウン、ライトブラウンの2色を展開している。

粗し加工とエンボス加工で
陰影がはっきりし、
色が濃く見える

 **幕板側面にも「粗し＋エンボス」加工
細部まで高意匠にこだわり**

「ソライエデッキ彫PLUS」は、デッキ材表面だけでなく幕板側面にも粗し加工とエンボス加工を施した。これにより、天面から側面までを連続して木目ディテールで覆うことでデザインの統一感を生み出すとともに、製品全体の意匠性を高めた。幕板側面まで加工した製品はほかにないという（同社調べ）。また、木質感のある束カバーもオプションで取り付けることができ、アルミ下地の露出を防ぐことでさらに意匠性を高めることも可能だ。
さらに、「ソライエデッキ彫PLUS」と相性のよいフェンス「ボードフェンス」もラインアップしている。

幕板側面にも「粗し＋エンボス」加工を施すことで、
製品全体に統一感を出しつつ意匠性を高めた

フォワードハウジングソリューションズが運営するS-ZEH小美玉モデルハウスに、「ソライエデッキ彫PLUS」と「ボードフェンス」を展示

 **構成部材をシンプル化し
簡単施工を実現**

部材の点数が多いと施工ミスなどにつながる恐れがある。そこで、「ソライエデッキ彫PLUS」は部材点数を極力削減、9種類の部材と2種類のビスだけの非常にシンプルな構成とした。加えて、施工もアルミ下地にビス留めしていくだけと非常に簡単で、2日ほどで完了する。

全工程を自社管理し、工期を大幅に短縮
集合住宅向け屋外鉄骨階段廊下ユニット

段十廊II

 プレミアム ポイント
 先進性
 独自性 社会性
 性能品質
 コスパ デザイン
 施工性
 将来性
 使い勝手 生産性

文化シヤッター株式会社

☎0570-666-670
https://www.bunka-s.co.jp/

　文化シヤッターの集合住宅向け屋外鉄骨階段廊下ユニット「段十廊II」は、1992年に発売した前シリーズ「段十廊」から数えると30年以上の実績を持つロングセラー商品だ。

　発売当初、外階段は地域の鉄骨屋が施工し、現場で塗装や溶接作業を行うことが一般的だった。しかし、工期がかかることや、鉄骨のままではサビやすいという課題があり、同社の強みを生かして開発したのが「段十廊II」だ。

　1階と2階を繋ぐ階段と廊下を一つのユニットとして、設計・施工を一括で同社が請け負う。社内工場で生産を行い、現場作業は成型品を取り付けるだけ。現場での溶接や塗装作業がないため安定した品質を保つことができ、工期は最短で2日間。協力会社の職人が最低2名から施工できる施工性の高さがポイントだ。全工程を同社で管理するため、個別発注などの手間も削減できる。

　豊富な階段、廊下の納まりパターンを用意し、準耐火仕様、3階建仕様などさまざまな建物に対応する。

記者の目

　アパートなどの集合住宅や多世帯住宅で採用される外階段は、風雨にさらされるため、建材のなかでも耐久性能が求められるものの一つだ。その点において、高耐食めっき鋼板とアルミ形材の化粧カバーで耐久性にこだわった「段十廊II」は、一段上の製品品質をもつ。社内工場で塗装までを行うため、施工時に現場塗装する必要がない。外階段の設置は減りつつあるが、雨風が直接当たらない屋根下の階段・廊下の現場で、納まりの多様さが評価を受け「段十廊II」の採用が増えている。2025年4月の4号特例縮小に伴い、構造計算書の提出が必要になった際に対応できるシステムも構築しており、設計に協力できる体制づくりがあることは、大きな強みと言えるだろう。

高品質な部材を使用し 高い意匠性と耐久性を実現

柱、桁材などの鉄骨部材には、防錆性能に優れた高耐食めっき鋼板を採用。さらに鉄骨をアルミ形材の化粧カバーで覆うことで、外部環境から鉄骨を守り、長寿命化を図る。また、コーナー部や階段と廊下の間には化粧カバーと色を合わせたジョイントカバーを設置し、外観を美しく仕上げる。床材、踏板は建物への負担を最小限に抑える設計となっている。

さまざまな建物に対応する「段十廊II」。サビに強く美しい外観を維持する

廻り階段の納まりや3階建仕様など 幅広いニーズに応える商品展開

様々な建物に対応できるバリエーションの豊かさもポイント。階段・廊下の標準納まりは、廻り階段や折り返し階段など20種類を用意しており、寸法オーダーも可能だ。
また、2022年7月にラインアップに追加した3階建仕様は、準耐火構造の認定部材で構成されている。柱は分解して運搬できるため、ユニック車を使用せずに施工ができる。

3階建仕様は、分解して運搬できる柱でユニック車がなくても施工できる

社内完全生産が可能にした 最短2日のスピード施工

従来の鉄骨階段は、鉄骨工事・左官工事・塗装工事・手すり工事が必要で、工期がかかるのが現状だ。一方で「段十廊II」は文化シヤッターが全て工程管理を行うため、個別発注の煩わしさなどがなく最短2日のスピード施工を実現する。工事も一括責任施工で、品質に信頼を置ける。

構造計算のサポートシステムで 確認申請の支援も

BXカネシン、BX TOSHO、文化シヤッターのグループ3社で設計・施工を一括サポートする「段十廊 設計サポートシステム」を開始。段十廊IIで(一財)日本建築センターの「接合部評定」と「プラン評定」の2つの評定を取得し、それに基づき開発した「段十廊 強度計算ソフト」で、建築確認申請の提出図書として利用できる強度計算書と構造図を提供する。

パラマウント硝子工業［太陽SUNR］

高気密・高断熱は難しくない
"手間"が実現する
暖かく快適な暮らし

株式会社 N Styleホーム代表取締役

西村 弥 氏

岐阜県関市西本郷通6-5-5
TEL：0575-29-3081　https://nstylehome.jp/company/

高気密・高断熱にこだわる N Styleホーム。パラマウント硝子工業の高性能グラスウール断熱材「太陽SUNR」を加工して施工するなど、手間を惜しまない家づくりで等級6・7を実現する。

　N Styleホームの西村代表取締役は、18年前、岐阜県美濃加茂市で家業である工務店を継いだが、事業拡大のなかで「お客様ともっと近くで家づくりを行い、出会いから引き渡しまで自分自身が関わりたい」との考えから独立、2020年に関市に新たに工務店を立ち上げ、現在、年間4〜5棟の注文住宅を手掛けている。

　高気密・高断熱にこだわり、お客様には最低でもU_A値0.36を切ることを推奨（6地域の関市における等級6のU_A値は0.46）、C値は完成検査時の平均で0.2程度だ。

　西村さんは、「高気密・高断熱は、それほど難しいものではない。どれだけ手間をかけるか、そこに尽きる」と話す。例えば、壁の断熱

N Styleホームは、パラマウント硝子工業の「太陽SUNR」をメインに使用し、高気密・高断熱住宅を手掛ける。太陽SUNRの反発力の高さを利用しながら、自らの手で、丁寧な施工を行っている

にはパラマウント硝子工業の高性能グラスウール断熱材「太陽SUNR」（密度20kg㎥で熱伝導熱0.035W／（m・K））を加工して充填している。通常の幅380㎜ではなく幅425㎜を使用、あらかじめ断熱材から12cm角を切り出しておき、壁への充填は、メインとなる断熱材に加えて12cm角の断熱材を90度回転させて入れ、同様に上下にも充填する。一つの壁のなかに入れる方向を変えて4つのグラスウールの塊をぎゅっと詰め、それぞれの断熱材が膨らむ力を利用するわけだ。

　非常に手間がかかる断熱施工だが、「断熱材をただ入れるだけでは経年で木材が痩せてきた時に隙間が空いてしまう。隠れてしまう場所だからこそ、断熱材が性能を発揮し続けるために、

お客様にはまず、自宅兼モデルハウスの快適性を体感してもらいながら、美濃加茂市の周辺の地域特性や高気密・高断熱の重要性を説明する

この作業は絶対に必要」と、西村さんがこだわり続ける部分だ。

「太陽SUNR」を採用しているのは、その扱いやすさ。例えば、ホールダウン金物を覆い隠すように充填するため断熱材に切込みを入れたり、一部を欠いたりするが、カッターなどでの加工がしやすいという。断熱材が膨らむ反発力も強いと感じているそうだ。

また、別張りする気密シートの施工にも手間をかける。通常、気密シートのジョイント部はテープもしくは直貼りして抑えることが一般的だが、同社は重ね合わせ部をヒートガンで溶かし、壁紙を施工するローラーでしごいて溶着させる。また、コンセント周りの処理も独特だ。電線が気密シートを貫通する部分の裏側をヒートガンで温め、棒上のものでシートを押し伸ばし、先端を切って電線を通した上からビニルテープを巻く。換気扇の処理も同様に行う。できるだけ溶接することで連続した気密層に限りなく近づけているのである。

これらの断熱施工、気密施工は西村さん自らが施工している。「外注するのも一つの選択肢だが、お客様がN Styleホームに求めている性能に関する部分については自分が責任を持って手掛けたい」と考えているためだ。

グラスウールのみの壁断熱で等級7を実現

9年前に竣工した自宅がモデルハウスを兼ねる。このロフト付き2階建て（延床面積141.6㎡）のモデルハウスは、断熱等性能等級7弱、C値0.13で、6畳用エアコン一台で温熱環境をコントロールする。ロフトへと吹き抜けになって

いる2階リビングなど高気密・高断熱の構造を生かしたプランニングが特徴であり、加えて、天井のない浴室など、さまざまな実験的要素を盛り込んでいる。初めてN Styleホームを訪れるお客様には、まず、このモデルハウスで西村さんが家づくりについて説明を行う。高気密・高断熱の重要性はもとより、卓越風など地域特性を踏まえた窓の重要性などを話すという。

今、N Styleホームは等級7の家を手がけている。お施主様は、とにかく暖かな家に住みたいと考えており、仕様を検討したところ、「しっかりと計算して手間さえかければ、屋根と基礎断熱を少し強化する程度で、それほどコストアップすることなくU_A値0.21を実現できる」ことがあらためて分かった。一般的に等級6まではすべてグラスウール断熱材で対応できても等級7はボード系断熱材の付加断熱が推奨されている。しかし、今回の仕様は屋根こそ別の素材で断熱を強化したが、壁はグラスウールのみだ。

西村さんは、（一社）新木造住宅技術協議会、家学塾などに参加して家づくりについて研鑽を続けているが、加えて、独自の工夫を重ねることで地域に適した快適な住まいづくりを続ける。

LIXIL［高性能窓TW］

U_A値よりも実際の暖かさを重視
南側に大開口、
パッシブで省エネな暮らしを実現

株式会社 建築工房零 代表取締役

小野 幸助 氏（一級建築士）

宮城県仙台市泉区南中山4-3-16
TEL：022-725-2261　https://zerocraft.com/

建築工房零は、パッシブ、外と中がつながる家づくりをコンセプトにグループ累計で年間約40棟の住宅を供給する。そのコンセプトと合致し「U_A値よりも実際の暖かさを重視している」と多くの物件で使用するのがLIXILの高性能窓TWだ。

　建築工房零（ぜろ）の小野幸助代表取締役は、大学卒業後、機械メーカーに就職したが、建築を志し転職。つくっては壊すスクラップ＆ビルドが大半であった建築業界で、目先の便利さ・快適さばかりを追求し、エネルギーや資源を使い散らかす家づくりのあり方を目の当たりにし、「家づくりから消費型社会を変える」「脱・化石燃料生活」を掲げ起業を決意し、2005年7月、28歳で建築工房零を設立した。「零の家　暮らしを取り戻す。」を合言葉

外と中が気持ちよくつながる家づくりもコンセプト。窓にTWを採用しながら、道路や隣の家やから人の目線が入るような場所には、植栽などでゆるやかに仕切る

に、宮城県仙台市などを拠点に、太陽や風、自然エネルギーを生かすパッシブデザインの建築と、自然エネルギーを使った暮らしを提案し続けている。2018年7月には、姉妹会社「アオバクラフト」の代表取締役に就任。「建築工房零」と「アオバクラフト」の2つの会社で年間約40棟の住宅を供給する。

地域特性を生かした
パッシブ設計が真骨頂

　近年、地球温暖化対策、脱炭素といった観点から、住宅の省エネ性能、断熱性能への関心が高まってきている。もちろん断熱性能は大事だが、重視しすぎるとU_A値をいかに減らすかという競争になりがちになる。小野社長は「お客様が求めているのは『冬暖かい家』であり、我々はU_A値よりも実際の暖かさを重視している。特に仙台市は、冬は晴れの日が多く日射熱取得量が多く、夏は曇り、雨の日が多く日射熱取得量が少ない。すごくパ

冬の日射熱取得量が多い仙台市の地域特性を生かしたパッシブ設計の住宅を手掛ける。南側に大開口を設けることで日射の熱を効果的に取り入れ暖房負荷、暖房費を抑えられる

ッシブが生きる地域。地域工務店としてその地域特性を最大限生かすパッシブ設計を真骨頂としている」と話す。

また、「気持ちいいものは大体外からやってくると考えているので、外と気持ちよくつながる家づくりを目指している」。その一方でプライバシーに配慮して、道路や隣の家からリビングなど家の中が見えないようにする設計も大切にしている。道路や隣の家から人の目線が入るような場所には、木フェンスの目隠しや、植栽でゆるやかに仕切る。

TWは、フレームの細さも魅力 価格含めてバランスのいい窓

こうしたパッシブ設計、外と中がつながる家づくりを実現する上で重要になってくるのが窓だ。一般的に熱の出入りの大きい窓を増やすとU_A値は高くなり、数値上の評価は悪くなる。

しかし、小野社長は、「唯一、建物の南側は、熱の取り入れ、ダイレクトゲインと、熱の逃げ、断熱を考えても、窓にするメリットが大きくある場所。U_A値、スペックのみを追求すると窓は減らした方がいいということになるが、シミュレーションが大事で、数値だけに惑わされてはいけない」と話す。そこで、同社は手がける多くの住宅で、南面のリビングなどにLIXILの高性能窓TWを採用している。高い断熱性能を確保しながら、スリムなフレームで、すっきり美しく、視界も大きく広がる。断熱性能のみで比較すると樹脂窓や木製窓などより高スペックな商品はあるが、TWを使用する大きな理由の一つは、引き違いで幅3m超の大開口を実現できる点だ。実際に、仙台市という地域特性を考慮して温熱環境のシミュレーションを行うと、南側の窓はなるべく大きく

日射取得型のペアガラスを使用した方が有利になること、南側のリビングに大開口のTWを設置すると日射取得率が上がり、暖房負荷が下がり、経済的効果が生まれることが分かった。「樹脂のトリプルガラスよりも暖かくなり、暖房負荷を下げ暖房費を抑えられることも分かった。快適性も高まる」という。

TWのフレームが細く外と中をつなぎ豊かさを感じられる点も、同社の家づくりのコンセプトに合致する。「強度、寸法安定性も含めて、お客様に自信を持って提供することができる。普通の人により良い住宅を届けたいと思っているので、TWは価格を含めてバランスがいい」と評価する。

「断熱性能と日射熱取得量の両立、制作可能サイズの大きさなど、いろいろなメリットを検討した結果、TWを採用している」。より良い窓商品の開発を期待しつつ、四季折々の開放的で心地よい空間を常に感じられる同社の家づくりにおいて、TWは要となる商品として活躍している。

アイカ工業［モイスTM］

100年先を見据えた住まいづくり
内装も耐力面材も
モイスを新築全棟で標準採用

株式会社サトウ工務店 代表取締役

佐藤 高志 氏

新潟県三条市高屋敷65-1
TEL：0256-46-2176　https://www.sato-home.co.jp/

サトウ工務店は、耐震、断熱ともに最高レベルまで住宅性能を引き上げ、「100年先を見据えた住まいづくり」に取り組む。同社が内装材、耐力面材として新築住宅全棟で標準採用するのがアイカ工業のモイスだ。

　新潟県三条市に拠点を置くサトウ工務店は、「100年先を見据えた住まいづくり」を行っている。佐藤高志社長は、「住宅は一度つくれば長きに渡りその姿形を残す。『今』だけではなく『未来』、『自分』だけではなく『みんな』を考える。住む人のためだけでなく、地域社会や環境そして未来のためにそんな住まいづくりを一緒にしませんかと提案している」と話す。そうした想いから、同社が年間5棟ほど手掛ける新築住宅は、全棟耐震等級3、断熱等性能等級7を標準とし住宅性能を最高基準まで引き上げている。「イニシャルコストは高くなるが、暮らしの質を高めつつランニングコストを最小限に抑えることができ、長い目で見れば"お得"になる。住まい手にとっても地球環境にとっても持続可能な住まいになる」。

　また、「今」だけでなく「未来」を考えた家づくりを行うことで空き家発生の抑制にもつながる。「世帯人数は減少傾向にあり、近年は高性能でコンパクトな家をつくることが増えて

いる。本当に必要なサイズ、適正な広さと機能を持った住まいにすることで、家族の暮らしはより豊かになる。将来、住み継ぐ人も使いやすい。空き家の発生を抑制することは地域工務店の責務でもある」と話す。

代替することができない
唯一無二の建材

　「100年先を見据えた住まいづくり」に取り組むサトウ工務店が新築住宅全棟で内装、耐力面材として標準採用しているのがアイカ工業のモイスだ。天然素材でつくられる多機能建材で、内装材、耐力面材をラインアップしており、内装材「モイスNT」は調湿、VOC吸着消臭などの効果を発揮し室内空気環境を整える。「モイス」を採用するきっかけは約20年前。店舗併用型住宅の建設を請け負った際に、ニオイ対策としてモイスNTを使用した。壁と天井に採用したところニオイが消え、施主から大変喜んでもらえた。それから新築住宅

の全棟で内装はモイスNTに切り替えた。「壁や天井一面に貼ると、すごく気持ちのいい仕上がりになる」と天然素材ならではの質感も気に入っている。

加えて、大工のモチベーションアップにつながることもモイスを使い始めて気づいた大きなメリットだという。通常、内装下地材として石膏ボードなどを使用すると、その工程までは大工が担うが、その後の内装仕上げは、クロス貼りなどの専門工種が入るため、大工は住宅完成の状態を見ることなく引き渡すことになる。対して、モイスは、そのものが仕上げ材を兼ねるため、大工が責任を持ち、最初から最後まで工事を行い、完成したものを大工が自分で評価することができる。「責任感、モチベーションが大きく変わってくる」と話す。

内装材からモイスを使い始め、その建材としての魅力、ポテンシャルの高さを知り、耐力面材についても「モイスTM」へ全棟標準採用に切り替えた。様々な壁倍率の国土交通大臣認定を取得しており、釘ピッチで壁倍率をコントロールできる。また、同社は長期にわたるメンテナンスのしやすさなどを考慮して木製外装材を標準仕様としているが、モイスTMは様々な納まり、外装材で防耐火構造認定を取得しており、市街地などに建てる住宅においても木製外装材を使用することができる。加えて、同社は、新築全棟で長期優良住宅の認定取得を標準としているが、その認定取得に必要な劣化対策としてもモイスTMは最適だ。「シロアリ対策として薬剤処理はしたくない。モイスは無機系材料で構成されているためシロアリの好む成分を含まず、防蟻処理が不要で、木材の腐食・シロアリ被害を抑制する」。また、「『100年先を見据えた住まい

約20年前から内装材「モイスNT」を新築全棟で標準採用している。アレルギーなどの心配がなく健康で安心な天然素材を使うことを強くすすめている

長期的なメンテナンスのしやすさを考慮して木製外装材を使用することもサトウ工務店が手掛ける住まいの特徴だ。様々な納まり、外装材で防耐火構造認定を取得しているモイスTMを使用することで、防耐火規制のハードルが高い市街地においても建設することが可能になる

づくり』に取り組む上で、将来、次の施主に住み継がれた先、最終的に解体されることも視野に入れる必要がある」と、モイスが土に還るサステナブルな建材であることも採用を後押しした。

同社が採用するウッドステーションが展開する大型パネルとの相性も良い。工場で柱、梁、サッシ、断熱材などと併せてモイスTMを一体化することで、現場で施工する負担を大幅に軽減でき、品質の安定化にもつながる。サトウ工務店では新築全棟で大型パネルを標準採用している。

「断熱材やサッシなどは、より良い商品が出てくれば、時代、時代で替えているが、モイスだけはずっと使い続けている。代替することができない唯一無二のもの」と佐藤社長からの信頼は厚い。

ハウジング・トリビューンが選ぶ
プレミアム住宅建材 50 2024年度版
令和6年4月8日　第一刷発行

発行人	中山 紀文
編著	ハウジング・トリビューン編集部
編集人	平澤 和弘
編集スタッフ	沖永 篤郎 早野 嘉倫 町田 結香
デザイン	中谷 慎次
企画・営業スタッフ	湯澤 貴志 絵鳩 絢子 村田 茂雄 河野 静代
発行	株式会社 創樹社 東京都文京区湯島1-1-2 ATMビル TEL 03-6273-1175／FAX 03-6273-1176
書店販売	株式会社 ランドハウスビレッジ 神奈川県川崎市麻生区高石3-24-6 TEL 044-959-2012／FAX 044-281-0276
印刷	勝美印刷株式会社

乱丁・落丁本はお取替え致します
定価 1,650円（本体1,500円＋税10%）
ISBN978-4-88351-156-3